VERLAG ANTJE
KUNSTMANN

Hans Stilett

EULENROD

Biographisches Mosaik

Verlag Antje Kunstmann

Ein kleiner Mensch ist ein ganzer Mensch,
genauso wie ein großer.

MONTAIGNE

Kein Zweifel: Ich werde gewesen sein. Woraus folgt, daß ich, da gewesen, sein werde. Denn alles, was je war, bleibt dem Buch des Lebens eingeschrieben. Wie die Menschen, von denen hier die Rede sein wird. Wie jedes Glühwürmchen auch. Wie jeder Stern.

Noch wese ich im Hier und Jetzt, doch der Abschied naht. Desto dichter drängen nun Gestalten heran, die ich längst vergessen glaubte, und Szenen aus dem Dämmer meiner ersten Lebensjahre leuchten wieder auf.

KINDERSPIELE

Unterm Rock der Großmutter lugt das kleine Ich hervor. Den strengen Geruch empfindet es als süß, und als geheimnisvoll das Knistern des Feuers im Ofen. Die Stricknadeln der Großmutter klicken leise im Takt. Ich bin geborgen. Doch ich will hinaus.

Wenn meine Mutter, von ihren Reisen zurück, den Koffer abstellt, überragt er mich. Die Großmutter schimpft; dabei kratzt sie sich mit einer Stricknadel im Haar. *Der Junge bleibt hier*, sagt sie. Meine Mutter weint.

Ein, zwei Jahre gehen ins Land, und sie gehn hinaus. Wir wohnen eine Treppe hoch. Gerhard Metz, der Junge von unten, kommt öfters zu mir, wenn keiner da ist. Dann setzt er sich in der Wohnstube aufs plattgetretne Linoleum an der

Tür und macht die Beine breit; ich vorm Tisch auch. Die Füße stehn als kleine Pfosten hoch, die Schenkel sind Trichter. Wir werfen uns das geklaute Tennisbällchen, steinhart, wechselweis zu. Trifft Gerhard meinen Sack, schreit er: *Tor!*

Im Hinterhof steht links ein Hühnerstall, daneben ein Karnickelkäfig am andern. Der alte Metz hat mir das Füttern verboten; nicht mal den Finger darf ich durchs Drahtgitter stecken. Dabei kitzelt es so schön, wenn er warm beschnuppert wird. Knabbert ein Karnickel dran, zieh ich ihn schnell raus und leck das Blut ab – wehe, die Großmutter sieht's!

Der Birnbaum hinterm Anbau ist uralt. Wenn der Wind ihn im Frühsommer rüttelt und schüttelt, prasseln die unreifen Früchtchen zur Erde, die von Hühnerscheiße glitscht. Ich greif mir die dicksten raus, wasch sie ab und stell sie in Reihe auf. Herrlich, wie sie blaßgrün glänzen, und hellbraun, mit roten Tüpfeln! Doch nach drei, vier Tagen schrumpeln sie mir weg.

Metzens haben Besuch: eine bunt bemalte Frau mit Kind. Sie sollen aus Berlin sein. Das Kind ist eine Mamapuppe, sie kann die Augen rolln. Trotz der Hühnerscheiße legt sie sich auf das bißchen Gras im Hinterhof, zieht mich runter, dreht den Wuschelkopf mir zu und drückt mich an sich. Mir wird schwummrig.

Grossers, unsre Nachbarn eine Treppe hoch rechts, haben Töchter, zwei: eine lange Latte die ältere, die jüngre klein und dick. Sie sind mir böse, weil ich so oft an der Mamapuppe lieg; drum fangen sie an, mich zu kratzen. Und die eine bespuckt mich, die andre beißt mir in die Hand.

Auch die Miez in Nachbar Hempels Garten wollen sie für sich. Sie kommt weichpfotig daher, sieht die beiden, macht kehrt und zwängt sich durch den Zaun. Da packt die Dicke sie am Schwanz, und die lange Latte faßt nach. Sie ziehn mit aller Kraft, so daß die Miez vor Angst zu scheißeln anfängt: dünner Schaum, hellbraun, wie Milchkaffee. Sie kreischt erbärmlich, und Herr Hempel tobt.

Die Berliner Frau mit der Mamapuppe ist weg. Der Großvater sagt: *Das Mensch hätt' uns hier grade noch gefehlt!*

Grossers Töchter müssen im Bett bleiben, Mumps, flüstert Hanna, Hempels Tochter, am Zaun mir ins Ohr, *vor denen sind wir sicher.* Schnell hilft sie mir nüber, zieht mich in die Gartenlaube. Plötzlich fragt sie: *Willst du mich heiraten?* Ich sage: *Ja!* Sie: *Dann müssen wir uns ausziehn.* Das gefällt mir, und ich krieg einen Steifen. Sie hängt mir Geißblattranken um den Hals, dann um den Schwanz, dann sich ins Haar. Ein paarmal ziehen wir um die Laube rum, toll feierlich. *So sind wir jetzt ein Paar,* sagt sie ernst; und guckt mich lange an.

Herr Matthes hat den Kolonialwarenladen, links um die Ecke. Beginnen Obst und Gemüse zu gammeln, gibt er mir für die Großmutter alles umsonst, sogar Bananen, Schalen schon rissig und schwarz. Heinz, sein Sohn, ist mein Freund. Auch er meint es gut mit mir. Als ich ihm das mit der Mamapuppe erzähl, und mit Grossers Töchtern, und mit Hanna, sagt er nur: *Laß doch die Weibsen sein!*

Schnee und Kommunisten

Meine Mutter hat ein Leinenkleid gekauft, gelblich, blaue Umrisse von Blumen drauf. Sie gibt mir Garn, damit ich die Farben aussuch. Die Fäden stickt sie Stich um Stich in die Muster, und ich schau zu, wie draus ein Sommerstrauß erblüht. Am Sonntagnachmittag zieht sie das Kleid an, um sich am Zaun im Hinterhof fotografiern zu lassen, von Herrn Heinze.

Der Großvater geht als Packer zur Arbeit. Müde kommt er abends von Römplers heim. *Als Sattlermeister*, sagt die Großmutter, *ist er noch in der Inflation bei seinen Festpreisen geblieben*. Sie greift sich an den Kopf, als glaubte sie's immer noch nicht. *Dafür war er sehr beliebt*, sagt meine Mutter. *Ja, bis alles weg war*, sagt die Großmutter, *sogar der Stoff.*

Es schneit. Schon am Tag wird's Nacht. Abends ziehn die älteren Nachbarskinder mich auf dem Holzschlitten hinter sich her, ins Dunkle. Vorm Bonbonladen, der noch hell ist, lassen sie mich stehn. Ich schau und schaue, wie die Schneeflokken in der Lichtbahn zu mir her immer größer werden, mich immer dichter umtanzen. Die mir auf die Handschuh schweben, zergehn: zu wäßrigem Grau.

Die Nachbarskinder kommen zurück, sie nehmen mich zum Marktplatz mit – und sind wieder weg. Ich sitz eingemummt allein, rundum nur Weiß, kein Mensch zu sehn. Von einem Pfeiler blinzeln durchs Schneegestöber zwei schmale Glaskästen auf mich runter, gekreuzt und von innen hell: halb blau, halb rot der eine, der andre halb gelb, halb grün. Ihre Spitzen zeigen in vier Richtungen. Wie, wenn plötzlich wer käme, sich zu mir runterbeugte und nach dem Weg fragte – und ob ich mitwolle?

Am Tag sitzen unterm Pfeiler oft viele Männer. *Das sind*, sagt meine Mutter, *Kommunisten, die nicht an Gott glauben. Wenn der Fabrikant Nel-*

lenschulte mit seinem Schofför an ihnen vorbei-
fährt, fangen sie zu johlen an und zu pfeifen, und
dann rufen sie ihm dreckige Wörter nach.

Unsere Wohnung ist sehr klein, nur Stube und
die Schlafkammer der Großeltern; dort passen
grad zwei Betten nein, eins hinterm andern.
Meine Mutter und ich schlafen in der Bodenkammer, mit Brettern abgeteilt. Die Wohnstube sieht
so aus: Rechts neben der Eingangstür ein Kü-
chenschränkchen fürs Geschirr, mit Gaskocher
drauf. An der rechten Längswand kommt erst
das Vertiko, dann das Sofa, drüber im schmalen
Holzkasten die Pendeluhr. Das Sofa hat einen ge-
schnitzten Aufsatz: zwei große Schnecken, eine
rechts und eine links, die sich vom Rand her zu
hohen Bögen entfalten, bis sie oben aufeinan-
dertreffen und in sich zurückrolln, zuletzt winzig.
Der Aufsatz ist mit Holzstiften in der Lehne fest-
gemacht, so daß ihn die Großmutter, wenn
sie Staub wischt, runternehmen kann. Rechts
schließlich eine Kommode, mit Deckchen drauf.
In der hintern Querwand zwei Fenster, dazwischen ein kleiner Schrank, Deckchen drauf. An
der linken Längswand hinten erst der Korblehn-

stuhl für den Großvater, dann wuchtig der Kleiderschrank, die Wände von Wurmstichmustern
durchlöchert, dann das Türchen zur Schlafkammer der Großeltern; links davon ein schwarzer
Turmofen aus blankgewichstem Eisen, der bis
zur Decke reicht; unten Dackelfüße. Die drei
Etagen, von breit zu schmal aufsteigend, haben je
ein *Röhre* genanntes Fach mit Flügeltürchen, die
kunstvoll durchbrochen sind. Über all dem ein
Kranz spitzer Zinnen, dahinter aufgeschichtet
der Großmutter Anfeuerholz, kleingespalten – es
soll prasseldürr werden! Sein Duft füllt die Stube warm und würzig: wie Nadelwald im Sommer. Vorn links zuletzt ein Stuhl für die Wasser-
schüssel, mit Seifennapf.

WIR LEBEN ARM,
DOCH SEHR GESUND

Wir haben keine Klingel, und der Flur ist ohne Licht, die Treppe auch. Das Abendkränzchen der Großeltern findet alle paar Wochen reihum statt. Wenn sie dran sind, wird im Winter schon um sieben eine Kerze auf den Treppenabsatz gestellt; bis achte bleibt dann die Haustür offen. Wer später kommt, klopft dreimal mit der flachen Hand an die Mauer, Abstände lang. (Sind sie kurz, ist's für die Schlegeln, die in der Mansarde wohnt.) Ich fiebre den Kränzchen entgegen, weil ich, was die Großen reden, belauschen will – mein Versteck ist zwischen Sofa und Kommode, da entdeckt mich keiner! Doch heute fragt plötzlich wer: *Hat keiner den Hans gesehn?* Mir wird ganz heiß. Gott sei Dank sitzt über mir Herr Berger, er läßt mich nie im Stich. *Der ist längst in der Falle,* sagt er und gibt mir mit dem Fuß einen Stipps, *ich hab gesehn, wie er die Treppe zur Bodenkammer naufging!* Da platze ich raus, zu dumm: Ich muß ins Bett!

Die Kränzchen sind meist lustig. Meine Mutter macht selten mit, denn sie ist nicht, wie die andern sind: Oft, wenn alle lachen, lächelt sie nur ein bißchen; dabei guckt sie schräg nach unten – oder nach oben: Als wär dort was.

Herr Lockl ist mit seiner Frau im Kränzchen stets dabei. Sie sind katholisch, *doch das macht nichts,* sagt die Großmutter. Er schustert noch heimlich. Wenn ich ihm unsre zerlatschten Schuhe bringe, müssen sie so dick verpackt sein, daß keiner was erkennt. Der Hauswirt unten kommt beim leisesten Tapser rausgerannt. Schaffe ich's, die Treppe unbemerkt hochzuflitzen, öffnet mir Herr Lockl schnell die Wohnungstür, und ich husch hinein. Gleich holt er sein Gestell hervor: drei unterschiedlich lange Tabletts übereinander, verschiebbar, mit Holzstiften und Nägeln drauf, in Blechdeckel sortiert, mit Lederflecken, mit Pfriemen und mit dicken Fäden; und dazwischen Schusterpech. Ist die neue Sohle drauf, kantet er sie mit einem kurzen, sirrend scharfen Messer ab. Das angeschnittne Leder riecht nach Großmutter – ich bin ganz weg.

In der schmalen Schlafkammer der Großeltern sind neben den Betten Quergel abgestellt, Wurst und Eier; wenn ich nicht aufpaß, tret ich nein – und krieg vom Großvater eine gedachtelt. Die Großmutter macht die Quergel selbst, aus Quark. Sie formt dicke Stangen draus und läßt sie unter der Käseglocke aus grüner Gaze liegen, bis sie honigbraun sind. Stehn sie zu lange da, zerlaufen sie und stinken, glänzen aber doppelt schön.

Wir leben arm, doch sehr gesund, sagt meine Mutter. Sie geht ins Reformhaus: Johannisbrot kaufen, damit sie gut verdaut. Die Scheibchen in den trocknen Stangen sind glitschigschwarz. Ich hab sie gelutscht – und ausgespuckt. Frau Bruch führt das Geschäft. Sie ist dünn und groß. Ihre Haare, Knoten hinten, sind wie Stroh. Die Nase hat vorn einen Knorpel, der geschlitzt ist. Ihr Mann, klein und Glatze, sitzt im dunklen Zimmer hinten. Kommt er mal vorgewuselt, blinzelt er alle freundlich an, auch wenn er keinen kennt.

EISENBAHNATTENTÄTER

Mit dem Postbus fahrn wir zur Schwester Oberin, meine Mutter und ich, damit ich im Kindererholungsheim einen Platz krieg. Wir gehen kreuz und quer durch lange Flure, bleiben vor einem dunklen Gang stehn. Aus dem kleinen Lichtloch hinten kommt die Schwester Oberin immer größer werdend herangeschwebt; sie umarmt mich mit Freudengieksern und drückt mich immer weiter in ihre schwarzweißen Gewänder – bis zum Bauch; der gibt weich nach. Dann werd ich abgeküßt und befummelt. Endlich rückt sie die Pralinen raus. Meine Mutter leise: *Daß du ja danke sagst und einen Diener machst!* Daheim haben wir schon geübt.

Im Kränzchen der Großeltern werd ich wieder einmal zu früh entdeckt: Ich soll ins Bett! Ich bitt und bettle. *Zehn Minuten noch*, schlägt Herr Berger vor, dann: *Zwanzig!* Seine Glatze glänzt gut gelaunt. *Erst mußt du uns aber zeigen, wie die Schwester Oberin dich begrüßt!* Und so fang ich an, wild herumzualbern: Ich umarm mich selber und quietsch immer lauter, bis ich mir zuletzt Hände und Arme küß. So bring ich alle zum Lachen – außer die Großmutter. Sie schüttelt nur verärgert den Kopf, denn so was mag sie nicht.

Meine Mutter liebt unendlich die Natur, sagt sie, und alles, was schön ist.

Ein Sonntag im Sommer. Sie geht mit mir zu den drei Teichen in der großen Wiese, die hinter den letzten Häusern beginnt. Wenn wir kurz vorm Wasser sind, brechen die Frösche ihren Chor plötzlich ab. Das kennen wir; so setzen wir uns ins Gras und warten. Bald wagt einer wieder ein leises *Quak*, dem immer mehr immer lauter folgen, bis alle losdröhnen wie zuvor. Die Sonne scheint, kein Wölkchen. *Sieh, die Butterblumen, ein Meer aus Gold*, sagt meine Mutter. Ich schau mich müd. Vom Schilf her kommen Libellen angesurrt – buntes Geglitzer! Flirrend bleiben sie in der Luft stehn. Auf dem Heimweg pflückt meine

Mutter einen dicken Strauß, aus dem ich alles Gelbe rauszupf, nur Lila bleibt: die katzenpfötigen Skabiosen und das Wiesenschaumkraut – und die Glockenblumen, in die man so tief hineinschaun kann.

Eulenrod liegt auf der Höhe, und ich huste oft. *Rauhe Luft,* sagt die Großmutter, und vorwurfsvoll: *Warum müßt ihr immer, wenn Feuer angemacht ist, so oft raus- und reinquitschen, da bleibt's nie warm.* Der Doktor sagt: *Der Junge ist mir zuviel krank!* Drum fahren wir, meine Mutter und ich, zum Facharzt in die große Stadt. Im Zug muß sie mir versprechen, mich ja nicht dortzulassen, immer wieder. Von hinten, wo er rumhantiert hat, schleicht der Arzt sich an mich ran. Plötzlich reißt er mir das Kinn runter, guckt in den Hals, nickt sich zu und packt mit knochenharter Hand meine Oberlippe, die er hin- und herschüttelt. *Sehn Sie,* sagt er zu meiner Mutter, *alles schon verformt – er muß hierbleiben!* Meine Augen flehen sie an, und sie sagt: *Nein, hierbleiben kann er nicht!* Schnell steht sie auf und packt meine Hand. Wie Vögel aus dem Bauer huschen wir hinaus.

Zwischen dem Fichtendunkel des Harzbergs erhebt sich aus Weymouthskiefern ein kleiner Silberwald, in dessen weichen Nadelteppich man mit jedem Schritt weiter einsinkt. Ich tret deshalb nur ganz sachte auf. Das Rauschen verstummt. *Da müssen auch wir*, flüstert meine Mutter, *ganz still sein.*

Spätsommer, glutheiß. Ich geh mit den Nachbarskindern zum Bach nunter, barfuß. Ein paar wollen unter den grau-glitschigen Steinen Krebse fangen, aber finden keine. Wir klettern zum Bahndamm hoch, laut streitend, ob man einen Zug entgleisen lassen kann. Heinz Matthes redet nicht lang; er kramt in seiner Hosentasche, zieht einen Pfennig raus und legt ihn auf die Schienen, dann Steinchen, dann große Brocken. Umbauscht von sich hochwölbenden Dampfwolken kommt ein Zug angeschnauft, und wir rennen so schnell die Böschung nunter, daß die kleinsten hinfalln. Hinter Buschwänden kauern wir uns aneinander, bibbernd vor Angst, und linsen durch die Lücken. Ob die Lok uns hinterherfahren wird? *Quatsch*, sagt der Älteste, *fährt sie von den Schienen runter, ist sie futsch!* Als ob nichts wäre, stampft der Zug vorbei – wir alle gleich hin: Der Pfennig glänzt im Sonnenlicht, plattgewalzt; von den Steinchen und Brocken keine Spur! Wir kleineren müssen heim. Die andern bleiben noch, und einer schreit: *Das nächste Mal haun wir Riesensteine auf die Schienen, dann klappt's!*

ACHTUNG, GIFTSCHLANGE!

Die Großmutter läßt gern einen fahren. Sitz ich in der Ecke und schau mir Bilderbücher an, meint sie, ich merke nichts; dann tut sie so, als hätt sie am Gaskocher zu tun, greift sich dabei an den Hintern und zieht eine Backe weg, so daß der Furz nur leise rausfaucht. Meine laß ich lieber knalln.

Die Post hat zwei enge Schalter, vor denen immer Leute stehn. Wir gehen manchmal hin, Heinz Matthes und ich, um die Papierkörbe zu durchwühln: nach Umschlägen und den Resten von Briefmarkenbögen, lustig grün quergestreift, oder rot. Wir spucken hinten drauf und kleben die Umschläge zu, so bunt es geht. Dann wieseln wir naus und stecken sie in den breiten Schlitz – mal sehen, was passiert. Doch so gespannt wir auch um die Ecke luchsen: Nichts.

Jetzt muß die Großmutter ran! Wir bestürmen sie, uns was auf einen Umschlag zu schreiben, zum Spaß. Sie kratzt sich mit der Stricknadel im Haar, denn sie weiß nicht recht. Dann greift sie aber doch zum Tintenstift, ein Stummel nur, leckt dran und schreibt langsam, was wir ihr feixend diktiern: *Achtung, Achtung! In diesem Umschlag steckt eine Giftschlange, die jeden, der ihn öffnet, totbeißt!* Nun muß sie selber lachen.

Wir laufen damit zur Post und warten. Sobald keiner kommt, schiebt Heinz ihn tief in den Schlitz: bis zum Handgelenk – und nichts wie weg! Hinter der nächsten Hausecke verstecken wir uns. Kneifen die Oberschenkel zusammen, damit wir nicht in die Hose pissen. Als die Straßenlampen angehn, schleichen wir heim – so ein Mist: Wieder nichts passiert!

Die Bodenkammer, in der wir schlafen, meine Mutter und ich, ist unterm schrägen Dach so eng, daß ich im Winkel lieg. Der Maler Wollburg hat uns Tapetenmuster geschenkt, ein Riesenbuch, das er nicht mehr braucht. Ich schneide all die Blätter raus, die schön lila sind, und meine Mutter kleistert sie über mir an. Nach jedem Regen kommen dunkle Flecken durch; wenn die trocknen, bleiben auf den hellen Mustern kreuz und quer schwarze Ränder zurück. Im flackernden Kerzenlicht wandern meine Augen ihnen nach, bis sie sich verwirrn. Irre Träume.

Die Großmutter bäckt gern Quarkkeulchen. Wenn sie das Flügeltürchen der untern Ofenröhre aufmacht, quillt süßer Duft raus. Die Keulchen sind knusperbraun, innen kürbisgelb und herrlich weich: zum Muffeln. Ich stopfe mir derart viele in den Mund, daß ich ihn kaum zukrieg.

Frühling wieder. In der Bodenkammer stellt meine Mutter das Dachfenster aufs dritte Loch im verbognen Blechgriff, so daß wir ein Stückchen Himmel sehn. Sie starrt in die wandernden Wolken, als wär sie mit ihnen schon weg. An die vordre Bretterwand hat sie zwei Bilder gehängt, Glas davor, schwarze Klebstreifen rum. Auf dem linken steht am Fenster ein Mönch in weißer Kutte und schaut nach rechts oben, am Fenster auf dem rechten eine Nonne in weißer Kutte, die nach oben links schaut. Ich folg ihren Blicken: Sie treffen sich an einem Astloch der Dachschräge; davor hängt die Tapete runter.

Ich lieg auf dem Sofa der Wohnstube, vor mir hochgetürmt das Federbett aus der Bodenkammer, das meine Mutter runtergeholt hat: Ich bin wieder krank. Wie immer, wenn ich Fieber hab, muß sie mir *Es waren zwei Königskinder* singen, denn die hatten *eina-ander so-o lieb*, doch das Wasser zwischen ihnen war *vie-iel zu-u tief*, so daß der Geliebte darin ertrank – eine böse Nonne hatte die im Fenster aufgestellte Kerze gelöscht, und nun wußte er im Finstern nicht weiter. Ich könnte mich totheuln – und bin am Morgen gesund.

Zur Schillerbuche nunter wohnt ein Doktor. Die Leute reden über ihn, weil die ganze Nacht bei ihm Licht brennt. *Er ist Schriftsteller*, sagt meine Mutter, *ein Edelkommunist. Mit den Kommunisten auf dem Marktplatz hat er nichts zu tun.*

Die Grossmutter hat geweint

Auf der Straße treiben wir Kinder mit einem Stock schmale Holzreifen vor uns her, fast so groß wie wir. Meiner eiert und läßt sich kaum lenken, so daß er oft an die Wand prallt und umfällt, während die andern mit ihren an mir vorbeiziehn, grinsend. Auch bring ich keinen Kreisel zum Tanzen. Kaum hab ich einem die Schnur in die Rillen gedrückt und abgezogen, kippt er schlapp aufs Pflaster.

Zum Fußballspielen darf ich selbst dann noch auf die Straße, wenn's schon dämmert. Die Großmutter schneidet mir vom Rundbrot einen Runks ab, schmiert Butter drauf und Leberwurst. Dazu grapsch ich mir eine saure Gurke, daß der Saft spritzt, und nichts wie nunter. Sie ruft mir nach: *Aber nur, bis der Päzold kommt!* Sobald der Schutzmann in unsre Straße einbiegt, rennen fast alle heim. Mit ein paar andren versteck ich mich hinter der Haustür und linse, ob er uns bemerkt. Päzold trägt den Bauch stolz vor sich her, Hände am Hintern, und vom Kopf ist nur der Helm zu sehn, und drunter ein Riesenschnauzer.

Vorm Päzold hat sogar der Großvater Angst, da er heimlich noch auf dem Dachboden sattlert, fürs Kränzchen. Am Sonntagvormittag holt er die riesigen Stahlfedern raus, die Ahlen, die Hämmer und die Nägel mit den breiten Köpfen, blauer Glanz. Die Polster und Gestelle liegen hinterm Brennholz der Großmutter versteckt, das sich bis zur Dachspitze stapelt. Zuerst klopft der Großvater ganz leise, dann macht er ein paar harte Schläge, dann Pause, damit er hören kann, ob sich was rührt. Die Großmutter guckt dieweil aus dem Fenster, und ich fahr mit dem Trittroller, als ob nichts wär, die Straße auf und ab. So kümmern wir uns, daß ihm nichts passiert.

In der Inflation, erzählt meine Mutter, hat er die Großmutter mal zur Post geschickt, damit sie eine Rechnung bezahlt, in Gold. Der Mann am Schalter hat's nicht geglaubt, und sie ist heimge-

rannt. Der Großvater wollte aber, daß sie zu-
rückgeht. So ist sie mit dem Goldstück wieder
hin. *Die Großmutter hat damals*, sagt meine Mutter, *wie ein kleines Kind geweint.*

Meine Mutter kann mit den Vögeln reden. *Am
leichtesten lernt man*, sagt sie, *die Kuckuck-Spra-
che.* Im Frühjahr macht sie's mir beim Wandern
durch den Pöllwitzer Wald vor: Sie hebt die Hände an den Mund, verschränkt sie zum Trichter
und ahmt die Rufe des Kuckucks so schnell nach,
daß er nicht mehr mitkommt. Auch auf *Finkisch*
und *Meisisch* versteht sie sich. Am schwersten,
sagt sie augenzwinkernd, ist *Amselmiano, denn
der schwarze Schelm wechselt ständig die Melodie.*
Da muß sie passen.

Herr Weichelt wohnt neben der Fleischerei. Er
hat in seiner Lunge vom Krieg noch Splitter. Seine Frau jammert: *Wenn die sich lösen!* Er spricht
ganz heiser, kaum zu verstehn. Oft geht er in die
Wälder wandern, wie ein Jäger angezogen, oder
Förster. Ist er zum Abendbrot nicht zurück,
klopft seine Frau bei uns an die Mauer, damit die
Großmutter sie raufholt, um sie zu trösten. Gott

sei Dank kommt er immer doch noch, er hat sich nur verlaufen.

Nein, ist der Hans gewachsen, sagt die Tante in der Kreisstadt, wenn wir, meine Mutter und ich, sie sechs Treppen hoch besuchen. Sie ist so schwerhörig, daß man ganz nah an sie nangehn muß, und schreien. Eifrig nickt sie dann, als ob sie's verstanden hätte. Ihre Wohnung ist sehr groß, in der lebt sie mit ihrem Sohn Albert allein. Sein Foto, voll gelber Flecken, steht auf dem Vertiko. Er ist gefalln.

SCHWARZ-ROT-GOLD

Lockls Erna ist krank, schon lang. Bleich liegt sie da und guckt nur vor sich hin. Wenn man was zu ihr sagt, lächelt sie, doch keine Antwort. Neben ihr türmen sich Bonbonnieren, denn sie hat Schwindsucht. Heinz Matthes und ich bringen auch eine mit. Wir klingeln, und Frau Lockl macht auf. *Die Erna*, sagt sie, *hat man grad geholt – sie ist tot*. Wir stehn dumm herum. *Die Bonbonnieren könnt ihr alle mitnehmen*, sagt Frau Lockl. Doch wir wolln nicht.

Die Möbel meiner Mutter sind in der Bodenkammer abgestellt: an der vorderen Bretterwand, rechts neben der Tapetentür, ein zweiteiliger Bücherschrank, unten rotbraun poliert, mit Zierleiste aus halbrunden Klötzchen (für sie von Herrn Jülich gemacht, der in der Möbelfabrik arbeitet), das Oberteil aus Glas; an der rechten Wand dann ein großer Kleiderschrank, Mittelteil als Spiegel, und in der Ecke die eisenbeschlagne Truhe, vollgestopft mit Tagebüchern, die meine Mutter sonntags hervorkramt, denn sie schreibt ihren *Lebensroman*, Blatt um Blatt. *Daß du mich ja nicht verrätst!* ermahnt sie mich. Unters Schrägdach, der Tür gegenüber, ist neben einem krakligen Gestell mit Waschbecken mein Bett hineingezwängt, dem an der linken Wand das Bett meiner Mutter folgt; an den Balken hängt eine schwere Holzkommode an Eisenstangen – direkt auf sie nunter.

Ich wünsch mir für den Trittroller einen Wimpel. Endlich hab ich die Großmutter rumgekriegt, und sie rückt drei Groschen raus. Im Fahrradladen such ich mir einen aus: dreieckig, schwarz-rot-gold. Ich binde ihn an und feg die Straßen rauf und runter. Plötzlich rennen mir ein paar hinterher, immer mehr; sie folgen mir bis an die Haustür – ich nichts wie nein. Sie grölen mir *Sozi, Sozi!* nach. *Die meinen bestimmt den Großvater, nein so was*, sagt die Großmutter. *Nein*, so ich, *die meinen mich*.

Der Großvater ist zuckerkrank. Er darf nur Gurkensalat essen, sagt der Doktor, stets eine große Schüssel voll, Tag für Tag. Daß die Großmutter sich streng dran hält, ärgert ihn – oft spricht er den ganzen Abend kein Wort mehr.

Neulich ein wildes Gewitter, schwarz, zerfetzt vom Gold der Blitze. Ich greif mir Bleistift und Papier und renn ans linke Stubenfenster, um sie im Niedersausen zu packen, Blatt um Blatt: ein rätselhaftes Gewirr von Linien, das vielleicht wer entziffern kann. Drum heb ich alles auf.

Ich könnte mich totkratzen im Hintern, so viel Würmer hab ich. Um sie zu verjagen, raffelt mir die Großmutter rohe Möhren. Ich würg sie nunter, doch die Würmer bleiben. Drum legt sie mich abends oft mit nacktem Hintern übern Schoß, und im Schein der Lampe pult sie mir soviel sie kriegt heraus – pieks um pieks. Doch wehe, ich laß einen fahrn!

Ich sammel Zigarettenschachteln: schwarz und glänzend, oder matt gemustert, oder ganz Silber. Vor allem will ich die Bilder. Wenn ich einen aus dem Tabakladen rauskommen seh, flitz ich hin und bettel; die meisten ziehn die Bilder lachend raus und fragen, warum. *Weil ich schon drei Alben fast vollgeklebt hab*, sag ich stolz.

FRAU STADELMANNS BRÜSTE

Ich hab mir am Bretterzaun vorm Bahnhof eine Höhle gebaut, ins Gebüsch: die Seiten mit verdorrtem Gras ausgepolstert, daß keiner mich sehn kann – ich alle. Bringt die Eisenbahn eine Ladung Briketts, rumpeln kurz danach stinkende Laster an mir vorbei, oder Pferdewagen, einer hinterm andern. Ich seh sie an der neuen Post den Berg hinauffahrn, und wie dabei Briketts von der Ladung lustig runterhüpfen, nach links und rechts. Ich renn ihnen im Zickzack nach, stopf sie in meinen Jutesack und flitz in die Höhle zurück. Dort schichte ich sie auf, erst die großen langen, Glitzerglanz an den Seiten, und dann die kleinen runden: schwarze Eier. Abends hol ich den Handwagen, und wenn keiner kommt, kriech ich in die Höhle, zieh die Briketts raus, richte mich draußen auf und türm sie so eng an die Brust, daß mir keins wegkippt; dann beug ich mich in den Wagen, und alle purzeln nein. Als ich daheim ankomm, schüttelt die Großmutter den Kopf; doch wie ich die Briketts auslad, hellt sich ihr Gesicht zu mir hin auf, und zufrieden lächelnd sagt sie: *Das wird für die nächsten Wochen reichen!*

Herr Heinze guckt mir ins Auge: durch ein Glas, an dem eine Glühbirne brennt. Dann schreibt er meiner Mutter was auf. Damit holen wir uns beim Apotheker schmale Röhrchen voll weißer Perlen, die muß ich schlucken, täglich dreimal. Drück ich den klitzekleinen Stöpsel nicht schnell genug wieder drauf, rollen sie mir bis in die letzte Ecke weg – Gott sei Dank, denn sie schmecken nach nichts.

Weil unsre Straße gepflastert werden soll, hat man sie aufgerissen, dann mit Kies und Sand gefüllt. Am Rand liegen Stapel von kleinen Grünsteinwürfeln, blinkend im Sonnenlicht; daneben knien die Arbeiter. Sie greifen sich einen nach dem andern und fangen zu hämmern an: langsam, mit dumpfem *tock* und *tack*, dann immer schneller, immer heller – und bis zum Feierabend dann mit gleichmäßigem *tick-tack, ticktick; tick-tack, tick-tick*. Ich hör's noch im Schlaf.

Zum Kaffeekränzchen bringt die Witwe Eulenstein Kuchen mit, gekauften: so reich ist sie. Die Großmutter, Frau Lockl und Frau Pfeifer, auch Frau Berger und die Eulalia essen selbstgemachten. Ich stell mich an die Kuchen der Witwe Eulenstein, am liebsten die nassen, mit viel Obst. Doch alles muffelt sie selber nein; dann kratzt sie noch die Brösel zusammen und stopft sie sich ins Mundloch. Plötzlich tut sie so, als ob sie mich jetzt erst säh, und grinst mich an: wie zerknülltes Packpapier.

Frau Stadelmann ist der Witwe Eulensteins Tochter, und die mag ich. Sie kam aus Amerika zurück, weil man sie nicht einreisen ließ – *Schwindsucht*, sagt meine Mutter. In ihrer Wohnung sind nur feine Sachen, von Teppichen so viele, daß einer überm andern liegt, breite Polstersessel darauf, weich und tief: zum drin Aalen. Obwohl wir arm sind, mag sie mich, *sogar sehr*, hat sie meiner Mutter gesagt. Sie lacht wie niemand sonst: erst dunkel, ganz von unten rauf, dann heller, doch immer noch warm. Ihr Kleid ist so flauschig, daß ich es an den Brüsten streicheln möcht; mit den Augen wage ich's – und weiter nunter. Sie merkt es, und sie lächelt. Und verwirrt mich. Wunderbar.

DER ZEPPELIN

Herr Grosser hat mir einen Laubfrosch gefangen, richtig grün. Er sitzt im Marmeladenglas, Butterbrotpapier drüber, in das ich, daß er Luft hat, Löcher pieks. Ich starre ihn an, und er mich. Seine Blase unterm Maul beginnt sich zu blähn: Gewiß will er raus. Drum nehme ich das Papier ab, und als ich mittags nachschau, ist er verschwunden. Nach dem Donnerwetter am Abend wird alles abgerückt. *Da, hinterm Vertiko*, sagt die Großmutter – doch nichts. *Da, hinterm Schrank*, ruft meine Mutter – nichts. *Da, hinterm Sofa*, schreit, dicke Adern auf der Stirn, der Großvater, *nein, hinterm Ofen!* Ich rette mich ins Bett. Am Morgen drauf seh ich den Frosch neben der Kommode sitzen. Ich stülp das Glas über ihn, dann ab zu Schusters Wiesen! Dort setz ich ihn ins Gras und wart und wart, doch er rührt sich nicht. Plötzlich macht er einen Riesensprung – und weg.

Traurig geh ich mit dem leeren Glas heim, und freue mich.

Das Wetter: weiße Wolken, dahinter blau – wie gut, denn heute kommt der Zeppelin! Aus allen Dachluken ragen Köpfe. Manche Nachbarn stehn gar auf den Dächern, an die Essen geklammert. Sie heben ihre Ferngläser an die Augen, und mit den Armen weisen sie hier- und dorthin, als sähn sie was. Der Großvater hält mich durchs Fenster der Bodenkammer hoch hinaus. Ich kneif die Augen sammen – und reiße sie auf, bis ich zigtausend Zeppeline seh; nur den einen nicht.

Der Großvater darf nichts als Tee trinken, aus Hagebutten. Mit der Großmutter geht er sie sammeln, und mit mir. Den runden Griff seines Spazierstocks hakt er in die Zweige, zieht sie runter und hält sie so lang fest, bis die Großmutter alle abgezupft hat. Wenn die stachligen Ranken zurückschnelln, ratschen sie einem Risse in die Haut, oft ins Fleisch. Daheim werden die Hagebutten zum Trocknen ausgebreitet: auf dem Kuchenbrett oder, wenn's zu viele sind, auf großen

Bögen Packpapier, die der Großvater von Römplers mitbringt. Dort schrumpeln sie zu schwarz-
roten Klumpen: wie verschorftes Blut.

Winternachmittag, fast Nacht schon. In Polands
Saal ist Kinderfest; die Hitze macht mich schwit-
zen, und der grelle Lärm. Ich geh hinaus ins Stil-
le, Schwarze, Kalte – endlich allein! Auf einmal
stürzt Motorendonner auf mich nieder, und ein
Blitz rast über mich weg. Ich renn ihm durch die
Straßen hinterher, die Gassen und Gänge, *Zeppelin!* schreiend, *Zeppelin!* Die Leute beugen
sich aus den Fenstern – und knalln sie, da nichts
mehr zu sehn ist, fluchend wieder zu.

Im Sommer ist Onkel Hermann mit Tante Paula
zu Besuch, um sich den Turnerumzug anzusehn;
und mit Lottchen, und mit Waldemar. Da wird's
in der Wohnstube eng. Onkel Hermann hinkt
herum und nörgelt: Das Bein tut ihm weh. Wenn
er den Holzfuß abends abschnallt, seh ich, daß er
hellbraun ist, die Ledergurte fast schwarz; und
wie er den nackten Beinstummel pudert. Als die
Turner mit Tschingdarabumm um die Ecke biegen, will Waldemar fix aus dem Fenster schaun,

doch das ist zu. So stößt sein Kopf durchs Glas – Krachen und Splittern, Geklirr. Wütend sucht Onkel Hermann ihn zu packen, doch Waldemar ist schneller, und so rennen sie hintereinander um den Tisch rum, noch mal und noch, bis Onkel Hermann keuchend aufgibt. Der Umzug ist weg.

Hockt sich Lottchen zum Pissen hin, guck ich von hinten zu. Ihr Strahl ist grad und dick: kein dünner Bogen wie bei uns Jungen, der plätschernd auftrifft – nein: ein gelber Pfahl, mit Wucht in den Boden gerammt.

Wieder Winter. Wenn Herr Grosser mit den Töchtern auf die steilste Bahn an Zorns Häuschen rodeln geht, und mit mir, sitz ich vorn. Er lenkt, indem er die Beine weit vorstreckt. Seine Schuhabsätze sirrn durch den Schnee, der geballt hochwirbelt; er macht mich blind. Ungebremst rasen wir ins wolkige Weiß, das immer schwärzer wird. Heuer ist wer mit dem Kopf an einen Baum geknallt. Tot.

DIE BRAUNEN

Schuberts Else hat Hochzeit. Ich darf beim Fest-essen dabeisein, der Närrische auch. Seine Glatze glänzt und glitzert: ein aufgeblasner Ballon. Er haspelt mit den Armen rum, angelt sich von der Tafel Flaschen und Gläser, Teller und Tassen, dann schüttet er alles zusammen, was drin und drauf ist; ohne zu schlucken schluckt er's nunter, bis ihm die Stirn tropft, und die Augen quelln raus. Da wird er gepackt, und drei Mann zerrn ihn vor die Tür. Ich renne hinterher und seh, wie man ihn ins Auto stopft. *Jetzt ist Schluß,* sagt Tante Ida, *morgen kommt er ins Heim!*

Am Sonnabend gibt's Weißkraut mit Schöpsen-fleisch; nachmittags stellt die Großmutter die Waschschüssel vom Stuhl am Ofen aufs Lino-leum: Badetag. Sie macht die obere *Röhre* auf, packt den großen Topf an beiden Henkeln und gießt das siedende Wasser in die Schüssel, daß es hochzischt. Ich steig hinein und hupf wieder raus, hinein und raus – doch *Dringeblieben!* befiehlt meine Mutter, und mit dem Luffalappen schrubbt mich die Großmutter so hart ab, daß ich krebsrot werd. *Wenn die Leute*, sagt meine Mutter, *nicht so verweichlicht wärn, könnten sie viel länger leben.*

Gleich hinter der Volksschule ist eine Baustelle; dort soll ein öffentliches Bad hin. Immer stehen viele Leute da, um sich die tiefe Grube anzuschaun, heut auch ich mit meiner Mutter, und weil Sonntag ist, sogar mit den Großeltern. Plötzlich entdecken uns Tante Ida und Onkel Oswald, die haben zur Weida nunter ein Haus. Sie kommen auf uns zu, lächeln komisch und sagen laut, so daß jeder es mitkriegt: *Da kommt ihr endlich auch mal in die Wanne!*

Neben dem Kolonialwarenladen haben Schettlers ein Frisörgeschäft. Frau Schettler lacht viel und macht die Damen, Herr Schettler die Herrn. Er trägt einen dicken Schnurrbart, schwarz. Seine Glatze scheint gebohnert, hinten ist eine Delle drin. *Er war mal Matrose*, sagt Hermann, sein Sohn, *weit weg, bis nach China.* An der Wand hängt ein wuchtiges Bild, auf dem grad ein Schiff versinkt; nur das Heck ragt noch raus. Der letzte Matrose hält trotzig eine Fahne hoch, Richtung Feind.

Dämmerung. In unsre Straße biegt eine Marschkolonne ein. Viele Fenster öffnen sich, und die Leute gucken neugierig raus, ich auf Großmutters Fußbank. Distelmeiers gegenüber machen aber gleich wieder zu, mit Knall. Die Männer grölen: *Als die goldne Abendsonne / sandte ihren letzten Schein, letzten Schein,* und schon sind sie unter uns – alle braun. Sie biegen in die Straße zu Römplers ab, und immer schwächer tönt's herauf: *zog ein Regiment von Hitler / in ein kleines Städtchen ein, Städtchen ein.* Die Kinder rennen hinterher, manche mit Trittrollern und auf Rädern, doch ich darf nicht: *Kein Wort mehr!* sagt der Großvater. Zitternd versucht er, den kaputten Gasstrumpf der Lampe überm Tisch auszuwechseln. *Paß auf,* sagt die Großmutter, *ist der letzte!* Doch die winzige weiße Kuppel, Filigran, zerfällt ihm – wie immer, wenn er zu aufgeregt damit hantiert. Die Großmutter kramt wortlos eine Kerze hervor, und ich muß ins Bett.

Heiligabend geht die Großmutter mit mir in die Kirche, und meine Mutter bleibt daheim. Sie muß dem Christkind helfen. Es schneit und schneit; vor der Kirchentür klopfen wir uns ab. Ringsum nasse Mäntel; sie schieben uns ins Innre, blendendes Licht. Die Großmutter setzt sich rechts an den Mittelgang und schiebt die andern so eng zusammen, daß ich links von ihr Platz hab: Fein, wie gut ich den Altar sehen kann, mit allem Drumherum! Davor kniet ein Mädchen, sie ist Maria, neben ihr steht ein Junge, der Joseph. Sie sagen was, doch ich versteh's nicht. Beim Umzug durch die Kirche kommen sie dicht an mir vorbei, auch die Engel, auch die Hirten, dann die drei Könige: Zwei gucken ganz ernst, der Mohr aber fängt an zu feixen; wütend zischeln die andern auf ihn ein, doch er feixt weiter, und feixt.

Der Großvater glaubt auch an Gott, sagt die Großmutter, *nur anders.*

Nein, *ist der Hans groß geworden*, sagen die Leute oft, wenn sie mich neben der Großmutter sehn. Sie lächelt ihnen dann verlegen zu, denn sie weiß nicht recht, ob sie nicken soll: Vielleicht will man sie, weil sie klein wie ein Mädchen ist, nur hänseln?

Das Praktische und das Schöne

In Scharen ziehn die Menschen zum Schießhaus: Schützenfest! An einer Bude darf ich
mir holn, was ich am liebsten mag: saure Silber-
fischle in der Semmel, mit Zwiebeln drauf. Vorm
Riesenrad steht ein Holztambour, bunt lackiert.
Wenn er den Takt schlägt, zittern die Hände
nach, auch der Kopf; starr lächelnd guckt er mich
an. Von den Gondeln runter kreischen die Frau-
en, auch aus den großen Tonnen, die sich entge-
gengesetzt drehn – beim Überwechseln falln sie
fast alle hin. Dabei bauschen sich die Röcke und
wirbeln hoch, bis übern Kopf. Immer mehr Männer kommen angerannt, sie pfeifen und johln.
Manche Schlüpfer sind weiß, die meisten aber
rosa: wie nacktes Fleisch.

Wo viele Menschen sind, geht meine Mutter
kaum hin. Sie *liebt*, sagt sie, *unendlich die Natur.*

Ich glaub, die Großmutter auch, sie redet nur nicht drüber, denn sie denkt ans Praktische. Meine Mutter ist mehr fürs Schöne. *Das Auge*, sagt sie, *braucht was zu lachen.* Wenn wir in den Heidelbeern warn, alle drei, pflückt sie auf dem Heimweg noch schnell ein paar Walderdbeern am Stengel, die sie zu Sträußchen bündelt; die steckt sie zu Hause zu den Heidelbeern in der Schüssel: rote Zwergenlampen auf schwarzen Perlen. *So ein Gemehre*, sagt die Großmutter erst, dann aber guckt sie sich's doch an; ziemlich lang.

Nach dem Konsum an der Ecke kommt rechts erst die Schmiede, dann die Spedition Scheible; dahinter Wagen an Wagen. Wenn die Pferde unter uns vorbeiziehen, falln ihnen dampfende Äpfel aus steil erhobnem Schweif. Gleich machen sich die Spatzen drüber: ein schwirrendes Gezeter, hin und her. Bald kommen auch die Schrebergärtner angewetzt; mit Handbrettchen schieben sie auf ihre Holzschaufeln, was übrig ist. Sind die Kästen auf ihren Handwagen voll, stopfen sie so viel nach, daß fast alles, wenn sie anfahrn, runterfällt. *Ein Garten*, sagt die Großmutter in ihren Strickstrumpf nein, *ach, wär das schön!*

Im Hinterhof an der Hohen Straße liegt die Wäschemangel: ein Mordskasten, in dem ein Holzgestell auf unserm knittrigen Bettzeug ächzend hin- und herrollt, quietschend und knarrend, bis alles glattgewalzt ist. Danach tragen wir die Wäsche naus und schichten sie in den Wagen, so hoch es geht – dann endlich ab nach Haus! Ich schiebe, und die Großmutter zieht an der Deichsel: wie ein Pferd.

Meine Mutter hat eine Hängematte genäht, aus hellblauem Stoff, grau gestreift. Sonntags wandern wir damit in *unser Waldstück*. Es liegt hinter einem hohen Stein, der über und über bemoost ist, doch den Namen auf der verrosteten Eisenplatte kann meine Mutter noch lesen. *Ein Freiherrngrab*, flüstert sie. Rundum Erdbeerkraut, seltsam anders: dunkel und dicht, kaum Früchte dran; und wenn, dann bitter nur, ohne Saft, im Mund wie Sand. An zwei Fichtenstämmen macht meine Mutter die Hängematte fest, und ich darf mich neinkuscheln. Sie schaukelt mich, bis die Stricke an der Rinde ächzen; dann nur noch wohliges Wiegen. Während ich so dahindussel, setzt sie sich ins Moos und schreibt. Plötzlich scheint

am Waldrand die Sonne im Untergehen – aufzu-
gehn: Einen Augenblick lang strahlt sie uns an,
nur uns: zum Fürchten grell.

Mit der Großmutter sind wir nie am Grab des
Freiherrn gewesen.

Ein Kübelwagen kommt angerattert, Pferdege-
spann. Er hält vor uns, denn die Abortgrube ist
wieder voll. Zwei Männer schrauben einen
Schlauch sammen, den sie durch den Hausflur
ziehn: bis in die Scheiße nein. Als sie die Pumpe
anstelln, blubbert aus den undichten Stellen Jau-
che raus. Der Gestank treibt mich in die Wohnstube hoch. Aus dem Fenster seh ich, daß der
»Osser« auf dem Kutscherbock sitzt, wie immer.
Die ganze Zeit grinst er vor sich hin, wer weiß
warum. Als Kinder herbeilaufen und im Chor
Scheiß-Osser! brülln, steigt er wütend vom Bock,
um sie zu verprügeln; doch keinen kriegt er gepackt. Laut fluchend klettert er wieder auf den
Bock – und grinst, und grinst.

Der Maler Wollburg sieht wie ein Künstler aus,
doch er kommt kaum zu seiner Kunst, sagt Leni,

seine Tochter, die ich oft besuch, *immer muß er sich um die Gesellen kümmern, und die Lehrlinge.* Erst wenn er mit ihnen nicht rumschimpfen muß, hat er *Zeit fürs eigne Werk:* ein Gemälde, das im Treppenhaus die ganze Wand bedeckt, von der Eingangstür bis unters Dach. Darauf schleppen Sklaven, rabenschwarz, aus Schiffen braune Stoffballen, von denen einer aufgerollt wird: vor streng blickenden Herren, die sich zunicken. Im Hintergrund klatschen die Meereswogen bis an die Wohnungstür, aus verziertem Glas.

EIN AGGRESSIVES HUHN

Wir gehn an den großen Waldsee baden: Kinder wie ich, und größre. Hinter der Hecke aus Brombeersträuchern ziehn wir uns aus; die Stacheln stechen mich, und Schwärme von Mücken. Ich will zeigen, wie mutig ich bin, und wate durch den Schlamm ins Wasser. *Weiter rein!* rufen mir die andern zu, und so wat ich weiter. Das Wasser geht mir bis zur Brust, bis zum Hals, doch *Weiter, weiter!* johlen sie vom Ufer her. Mir bleibt die Luft weg, und plötzlich umtanzt mich das Wasser – und ich tanze mit! Da packt mich einer und zerrt mich raus. *Du bist allein?* fragt er. *Nein, nein,* stottere ich, und klappre. Ich bin so klamm, daß ich mich kaum anziehn kann, und die Brombeerranken stechen, und die Mükken. Die andern sitzen hinter der Hecke und gukken vor sich hin; kein Wort.

Das Tal der Mühlen. In der gemütlichsten machen wir beim Wandern immer Rast, meine Mutter und ich. Die Müllerin schneidet mir dann vom mächtigen Rundbrot würzig duftende Scheiben ab. Die großen Löcher drin schmiert sie mit gelber Butter zu. Dazu gibt's Quargel und noch kuhwarme Milch. *Muffel nicht so!* ermahnt mich meine Mutter; doch als sie die Müllerin sich über mein Muffeln freuen sieht, freut sie sich auch.

Am Gottesacker vorbei führt der Weg zur *Fernsicht*: ein Holzturm, den man besteigen kann, um zu schauen, wie weit sich die Wälder ringsum erstrecken; drunter liegt das Lokal. Sonntags spazieren die Großeltern manchmal mit mir bis zum schattigen Biergarten hoch. Von den weißen Tischen und Stühlen blättern Placken alter Farbe ab. Dazwischen gackern Hühner rum. Eins schielt heut verdächtig auf meine Semmel, die ich in der Hand halt: mit warmen Würstchen drin, die nach beiden Seiten rauswippen. Plötzlich flattert das Vieh, daß die Federn wirbeln, zu mir hoch, schnappt sich alles – und weg. Ich heule los. *Die Hühner gehörn in den Stall!* sagt die

Großmutter, *nein, so was!* Doch der Großvater guckt mich nur wütend an, denn *Jungen flennen nicht!*

Sommerhitze, die Tage glühn. Der Großvater will trotzdem die alte Tante in Pöllwitz besuchen, am Waldsee: Er muß mit ihr *was regeln*. Die Großmutter mault erst, doch dann hetzt sie in kurzen Schritten hinter ihm her, mit mir. Schwitzend stehn wir vorm großen Hoftor. Der Großvater klopft und rüttelt dran, bis ihr Gesicht am Fenster erscheint: Falte an Falte, kein Zahn. In der Stube sitzen wir schüchtern um sie rum, doch sie bringt uns nichts – *dabei ist sie steinreich*, hat meine Mutter gesagt. Der Großvater rutscht auf seinem Stuhl hin und her. *Jetzt ein kühles Bier aus dem Keller, das wär was!* bricht's aus ihm raus, so daß die Großmutter die Augen aufreißt. *Glaub's ihm ja nicht*, sagt sie zur Tante, *das war Spaß!* Die Tante: *Ich hätt's ihm aber gern raufgeholt, wirklich gern!*

Die neue Apotheke ist immer erleuchtet, alles glänzt und glitzert, sogar die Glatze des Apothekers, wenn er, Weiß in Weiß, drin hin- und herflitzt. Meine Mutter kauft mir Lebertran – *der macht dich groß und stark*, sagt sie. Die Schachtel steht im Regal ganz vorn. Auf der schleppt ein Seemann übern Buckel einen schweren Fisch, der ihm bis an die Füße reicht. So stark möcht ich sein!

TODESFALLEN

Fräulein Täubler wohnt in der Straße an Nellenschultes Fabrik, Hinterhaus – ein Bleichgesicht, Kupferhaar. Sie ist sehr lieb. Heute besuchen wir sie. Ihr Bruder beschäftigt sich grad mit zwei Bücklingen, so daß er nicht aufschaun kann. Der eine liegt noch unberührt da: faltige Haut, doch Farbe wie Messing; matter Glanz. Im andern, aufgeschnitten, stochert er mit der Messerspitze rum; dabei liest er Zeitung, die Augen dicht dran; sie sind ganz rot. Immer wieder spießt er Häppchen Brot auf – und vergißt fast, sie in den Mund zu schieben. *Mit ihm ist nicht mehr zu reden*, sagt Fräulein Täubler. Wir gehn mit ihr daher eine Stunde spaziern. Zurück, sehn wir ihn immer noch essen. *So ist es*, sagt sie mit Flecken im Gesicht, *seit Jahr und Tag*.

Winter, zitterkalt. Eines Abends, als wir vom Rodeln heimstapfen, dröhnt an Eckardts Brauerei höllisches Geratter. Ich bleib stehn und starr zum großen Teich: Riesenarme greifen in die Nacht hinauf, dann wieder nunter ins Eis, das sie zersägen – erst längs, dann quer. Auf Förderbändern poltern die Batzen übereinander und leuchten im Scheinwerferlicht grün auf, wie zerschlagnes Glas. Die offnen Löcher des Teichs friern nachts wieder zu, doch dünn nur. Fällt Schnee, erkennt sie am nächsten Tag keiner mehr. *Für die Schlittschuhläufer Todesfalln*, sagt meine Mutter.

Der Winter weicht, und auf dem Schwarzbachteich schmelzen die Eisränder. Die Schlittschuhläufer aber geben nicht auf. Der Wirt legt Bretter in den Matsch, damit sie aufs noch Feste nüberkommen. Eine Frau tritt daneben und bricht ein, bis zum Bauch. Die Leute am Ufer lachen sie aus, weil sie nicht wieder hochkommt. Dem Wirt gelingt es dann doch, sie klatschnaß rauszuziehn, und sie weint.

Ich werd von der Großmutter in die Hohe Straße geschickt, wo man einen aufgebahrt hat. Da ich einen Brief hinbring, krieg ich Plätzchen; dann darf ich ins Dämmrige nein, das süßlich riecht: Mit spitzer Nase liegt er da, die Augen zu, die Lippen weg, und will nichts mehr.

Jeden Monat geh ich für die Großmutter in die August-Bebel-Straße, um ihr Sterbegeld zu bezahln. Stadtrand, graue Häuser, die Flure dunkel: wie Frau Schindlers Stube. Wenn sie mir öffnet, spricht sie so leise, als täte's ihr weh. Drinnen geb ich ihr meine Tüte Geld, und aus großen Bögen reißt sie Märkchen ab, die sie ins Beitragsbuch klebt. Mit flacher Hand fährt sie mehrmals drüber, als glaubte sie nicht, daß sie halten. Sie gibt mir das Buch zurück und sagt: *Und schöne Grüße auch!* Als ich die Straße nunter heimgeh, drehe ich mich noch einmal um – und seh die Häuser im Abenddunst verschwinden, ihrs wie die andern.

GEDICHTE

Meine Mutter schreibt nicht nur ihren *Lebens-roman*, sondern auch Gedichte; viele hat der Oberlehrer Wächter vertont, eins davon führt der Gesangsverein heut auf. Ich durfte mit. Es geht um einen Falter, der sich in einen andern verliebt. Manche Wörter wiederholen sich, besonders »und wirb!« – und immer leiser »und stirb!«. Am Schluß rührt sich zuerst keiner, doch dann klatschen alle los. Wie meine Mutter das gefreut hat!

Sonnabends fettet die Großmutter schon früh ihre Kuchenbleche ein, bis sie schwarz sind. Dann breitet sie drauf die Teigballen aus, dann den Belag. Die runden Bleche trägt sie auf dem Kopf zum Bäcker, eins nach dem andern; dazu stemmt sie sich noch oft ein eckiges in die Hüfte. Der Bäcker steckt Blechschildchen in die Kuchen, mit den Namen drauf. Beim Abholn prüfen die Fraun, wie der Teigrand geraten ist, ob knusprig-braun oder zu hell, zu schlaff. Sind sie unzufrieden, schiebt der Bäcker die Kuchen noch mal in den Ofen, umsonst. Besonders gern eß ich Apfelkuchen: Halbmondscheiben auf Pudding, honiggelb. Oder Mohnkuchen: milchig-grau voll schwarzer Punkte, bitter-süß. Oder im Sommer Heidelbeerkuchen – so dick belegt, daß er überquillt. Und überhaupt: Kuchen mit mehr Obst als Teig.

Bei Römplers schauen in der Mittagspause aus allen Fenstern die Angestellten raus, Butterbemmen in der Hand, und kaun. Schräg gegenüber arbeitet meine Mutter, Firma Funke, Textilwarn. Sie sitzt an der Kettelmaschine im dritten Stock auf einem Podest, direkt am Fenster. Sie muß *aufpassen wie ein Heftelmacher*, sagt sie, *wenn ich mich verheddre, flieg ich*. Immer, wenn ich sie dringend brauch, bleib ich auf der Straße stehn, bis sie zufällig aufschaut. Ist die alte Funken, die keinen hineinläßt, nicht daheim, gibt mir meine Mutter einen Wink, und ich husch zu ihr nauf – für ein, zwei Minuten nur.

Im Hinterhof ist der Birnbaum wieder bis zur Spitze erblüht, über Nacht.

Für ihre Umzüge haben die Nazis einen neuen Tambour, *den Kommunisten*, sagt meine Mutter, *weggeschnappt: Die wollten ihm die Stiefel nicht bezahln; doch die Nazis haben ihm die ganze Uniform geschenkt.* Jetzt schlägt er für die Braunen so forsch den Takt, daß bei jedem *Bumm!* seine Hände nachzittern, auch der Kopf – gleich dem Holztambour vorm Riesenrad. Starr lächelnd marschiert er den Trommlern voraus durch die Menge, die nach beiden Seiten zurückweicht: lachend, schimpfend; doch manche schrein *Sieg Heil!*

Bevor die Großmutter morgens Feuer macht, steigt sie auf den Stuhl, greift hinter die Zinnen des Ofenkranzes und holt sich eine Handvoll Holzspäne runter, prasseldürr; die spaltet sie mit einem scharfen Messer weiter und schichtet sie auf dem herausgeschobnen Rost zu kleinen Stapeln. Aus der Kohlenkiste nimmt sie ein paar längliche Fichtenzapfen, auch kurze Kiefernkegel, grau und vertrocknet – die Schuppen zerbröseln schon. Am liebsten hat sie die von Eichhörnchen zu braunen Strünken abgenagten Zapfen, denn *die brennen besonders gut*. Sobald das Feuer aufflammt, schiebt sie schwarze Briketts nach, frisch von mir gemaust.

Meine Mutter war bei der Geburt so *lebensschwach*, sagt sie, *daß die Hebamme mit einem Eimer zu Schusters Wiesen naufgerannt ist, um Tau zu sammeln*. Darin hat man sie gebadet.

Und das wollen Menschen sein!

Ich bin wieder im Kinderheim; es ist nur für Großstadtkinder zur Erholung, doch ich wieg zu wenig. Am Weg zum Gondelteich nunter blühn im Grün die Skabiosen, blasses Lila zwischen Meeren von Margeriten, blendend weiß. Am Wasser Schilfrohr, aus dem die Kolben ragen, das Lila fast schwarz. Zurück, gibt's auf den Holztischen vorm Haus Käsebemmen mit Kakao. Ich bin als letzter fertig, sitz allein. Plötzlich weht mir ein seltsamer Geruch entgegen, streng und süß. Ich geh ihm langsam nach, bis hinter die Buschreihn am Wiesenrand: Die Abfallgrube ist übersät mit Sträußen von Pechnelken, auseinandergerupft und welk, mit unverwelkten Tupfen drin, die mir zublinzeln: aus Augen ohne Zahl.

Einst wurde der Pitschlers Heinrich zu Hause so gehaun, daß er, erzählt man, sich andern immer nützlich machen wollte: Tag für Tag maß er mit ausgebreiteten Armen die Häuserfronten, von Straße zu Straße, bis zum Bergwerk nunter. Die Zahlen, die er rausfand, sagte er ständig vor sich hin, selbst im Schlaf noch. Dafür gab's wieder Hiebe.

Früher, seufzt die alte Eulalia, *war das Schützenfest am Schießhaus schöner. Beim Wettkampf um das im großen Heidelbeerkuchen versteckte Geld mußten die Jungen sich bis zu ihm durchfressen, in weißen Hemden – wie Tinte ist der Saft dabei rausgespritzt, und*, sie prustet vor Lachen, *die Hemden warn hin.*

Wenn ich Heidelbeern sammle, dann auf den Knien, denn *man muß sie*, hat die Großmutter mir beigebracht, *von unten rauf pflücken, und nicht wie die Sommerfrischler einzeln, sondern in Trauben.* Heut geh ich mit meiner Mutter in die Reiboldsgrüne: Dort sind die Beern besonders prall! Ich pflück sie so eifrig, daß ich meine Mutter aus den Augen verlier. Über mir wiegen sich Farnwedel. Sie wachsen immer dichter zusammen, verdämmern das Licht im Tann. Ich strauchle – da werden meine Beine von schwarzem Morast gepackt, der sie, je mehr ich strampel, desto fester umklammert hält. Ich schrei aus Leibeskräften, halt ein und horch, halt ein und horch: Nichts! Das Dunkel wächst. Verzweifelt durchwühl ich das Sumpfloch nach einem Halt. Endlich krieg ich eine Wurzel zu fassen, an der ich mich hochzieh. Erschrocken seh ich, daß meine Beern der Schlamm gefressen hat – und das Kännchen war randvoll!

Herr Lockl findet im Wald fast immer Butterpilze; manchmal nimmt er mich auf seinen Spaziergängen mit. Doch so fix ich auch seinen Augen an die grasigen Wegränder folg, stets ist er schneller – und schnappt sie weg. Doch dann zeigt er mir, wie schön sie sind: Unterm kaffeebraunen Hut läuft um den Stiel rum ein weißes Häutchen, gasstrumpffein; bei den größren Pilzen ist es aufgeplatzt, so daß das Futter vorscheint, gelbfrisch und glatt.

Am Schwarzbachteich ist über einem Wassergraben die Gastwirtschaft gebaut, aus Holz. Sonntagsausflug im Winter: Rundum Schnee, doch wir sitzen im Warmen, unter wuchtigen Geweihn.

Durchs Fenster guck ich den Tieren im Zoo des Wirtes zu, Drahtkäfige einer am andern. Da kommt ein Mann rein und ruft: *Ein Affe ist tot!* Der Wirt erstarrt, dann tobt er los: *Zig Schilder hab ich hingehängt: »Die Affen nicht füttern!«* Er kippt ein paar Bier nunter, schüttelt sich und rennt schreiend naus: *Und das wollen Menschen sein!*

Sommer. Mit ein paar Mädchen geh ich zu Schusters Wiesen nauf. Wir wollen Frisör spieln, und das geht so: Man striffelt von den Gräsern den Pelz aus Blütenspelzchen ab und dreht die nackte Spindel, lauter Widerhaken, sich gegenseitig ins Haar, bis es ziept – dann schnell rausziehn, das ist der Trick! Ich leg als erster los, zeig einer nach der andern, wieviel Büschel ich ihnen ausgerissen hab. *Bei dir tut's mir gar nicht weh*, flüstert mir Hanna zu.

Die Sonne scheint, das Kränzchen geht spaziern. Die Großmutter bleibt zurück, immer weiter, und ich will wissen, warum. *Komm jetzt*, sagt der Großvater, doch ich renn ihm in die Büsche weg und guck. Da kommt sie endlich und hockt sich mitten auf den Weg, wie eine Puppe in ihren weiten Rock neingesteckt. Als das Plätschern zu Ende ist, steht sie mit einem Ruck auf und dreht sich um, zufrieden: Große Pfütze, im Sonnenlicht glitzerndes Gold.

HÄNDE

Aus dem Sächsischen kommen zur Sommer-
frische viele Gäste, meist vornehm. Die Damen haben stets die guten Kleider an, auch im
Wald. Sie halten Tüten in der Hand: für den Fall,
daß sie Heidelbeern finden. Ab und zu machen
sie einen Knicks und juchzen, wenn sie, Finger
gespitzt, eine gefaßt haben. *Jede Beere einzeln,*
sagt die Großmutter, *so ein Theater!*

Die Kommunisten machen wieder Umzug, auch
Frauen drunter. Es dunkelt schon. In der Mansarde
gegenüber reißt Herr Distelmeier das Fenster auf
und schreit: *Rot!* Die Marschierer antworten im
Sprechchor: *Front!* Dazu recken sie die Fäuste hoch.
Schnell ziehn die Nachbarn ihre Vorhänge zu.

Die Haut der Großmutter ist an den Händen
ganz rauh, mit Rissen drin: wie Rinde. Abends tut

sie Zitrone drauf, und Glyzerin. Die Furchen sehn trotzdem noch schmutzig aus, so tief sind sie.

Ich soll aus dem Keller ein Glas eingeweckte Brombeermarmelade holn. Dunkles Gewölb, lauter Spinnweben, feucht. Auf der Steintreppe nunter rutsch ich aus, stürz von Stufe zu Stufe, schlag mit dem Kopf auf. Ich will schreien, krieg aber keinen Ton raus, sooft ich's versuch. Plötzlich ein heller Punkt, schräg oben, der sich vergrößert, zu flackerndem Kerzenlicht wird – endlich, die Großmutter! Sie beugt sich über mich. So nah war mir ihr Gesicht nie wieder.

Gewitterstimmung. Trotzdem zieht die Großmutter mit mir zum Holzsammeln in den Wald, und da meine Mutter heut frei hat, ist sie dabei. Am Schalweg stelln sie den Handwagen ab, den ich bewachen soll. Es kommt Wind auf, die Baumwipfel beginnen zu gestikuliern, das Brausen schwillt immer weiter an – zu mir her. Die Äste ächzen und krächzen, ein paar brechen ab und krachen nieder. Auf einmal still. Meine Mutter kommt angelaufen, kniet neben mir hin, deutet ins Dämmerlicht und flüstert: *Sieh, dahinten, ganz hinten!* Doch ich entdecke nichts. Das macht sie traurig. Langsam läßt sie die Hand sinken: *Das weiße Reh war wieder da!*

Wenn die Großmutter allein zu Hause ist und ein Stromer klopft an die Tür, gibt sie ihm eine warme Suppe auf die Treppe, aus Angst. Einer hat sie ihr neulich vor die Tür geschmissen. *Schluß damit!* sagt der Großvater am Abend; und sie verspricht ihm: *Von mir kriegt keiner mehr was.* Kaum ist er morgens zur Arbeit um die Ecke, kommt schon wieder so einer. Und sie stellt ihm Suppe naus.

Oft hol ich für die Großmutter im Konsum saure Gurken, und beim Fleischer dann Gehacktes, halb und halb. Ein bißchen bummle ich dabei, um mir die Leute anzusehn, und die bunten Schaufenster. Heut aber bin ich schneller, denn der Appetit auf Großmutters Sonnabendkuchen treibt mich heim. Wie ich zurückkomm und die Tür der Wohnstube aufmach, steht der Großvater in der großen Schüssel, völlig nackt, und wäscht sich. Ich starr auf das schwarze Haar um seinen Schwanz rum – wo's an der Glatze doch grau ist, und am Bart schlohweiß! Er brüllt mich an: *Hau ab!* Ich laß die Tasche falln, renn die Treppe nunter aus dem Haus, das Bild des Großvaters mir hinterher: so fremd auf einmal, schrecklich fremd.

DIE GEFÄHRLICHKEIT DER BLUMEN

Da wir keine gute Stube haben, lädt uns Tante Paula zu Weihnachten nach Wandersleben ein, auch Onkel Hermann ist's recht. Mit Lottchen und Waldemar sitzen wir im Halbkreis um den Christbaum, die Kerzen brennen, und zwischen Laubsägeengeln dreht sich an der Spitze ein Glockenspiel. Meine Mutter schaut zu den wandernden Schatten an der Decke hoch. Ich folge ihren Blicken, folg dem Wechselspiel von dunkel und hell, bis ich es plötzlich seh: das weiße Reh, im Reigen.

Alle Blumen sind schön, sagt meine Mutter, *doch gefährlich, wenn man zu tief hineinriecht. Ein Kind hat's getan; da mußten die Ärzte ihm den Kopf aufsägen, weil ein Wurm drin war.*

In der Stadt weiß keiner, daß es gelbreife Himbeeren gibt, außer der Großmutter und meiner Mutter: überm kleinen Teichtal nach Silberfeld, ganz versteckt. Auf unsern Kahlschlag prasselt heut die Hitze. Schwitzend pflückt meine Mutter die Goldbeern in die Kanne, ich in den Mund. Die Großmutter erntet inzwischen die vielen roten ab, *damit uns im Winter*, sagt sie, *die Marmelade nicht ausgeht.*

Bei Tante Paula und Onkel Hermann ist Schlachtfest; mit den Nachbarn stehn sie vorm Stall und warten auf den Schlachter. Er kommt, und die Sau rennt ihm quiekend davon, hin und her, den Hof nauf und runter, doch kein Ausweg. Die Großen lachen sich halb tot. Mir ist schlecht, und ich lauf weg. Als ich zurückkomm, liegt die Sau da. Man gibt uns Kindern den abgehackten Ringelschwanz zum Spielen, doch wir wollen nicht. Aus der Waschküche quillt dicker Dampf. Bald drauf werden heiße Kostproben vom Wellfleisch verteilt, grau und weich; schmeckt widerlich. Eine Maschine mit Drehrad stopft Leberwurst in lange Därme, bis sie zum Platzen prall sind. Den Rest würzt Tante Paula mit Kräutern und füllt ihn in große Einmachgläser, der Duft durchdringt Küche und Flur.

Doch Lottchen kann davon nichts essen, ich auch nicht: Ich seh immer noch die Sau.

Jede Woche geh ich zweimal zum *orthopädischen Gruppenturnen*, weil ich ein Hohlkreuz hab. Da werden uns Filzpolster auf die Hände gewürgt, und auf die Knie. Der Lehrer Falk, stets in Weiß, Glatze rundum, schlägt pausenlos ein Tamburin; nach dessen Takt müssen wir durch die Turnhalle kriechen, den Kopf so tief am Boden, daß der Geruch des gebohnerten Holzes in die Nase sticht – und des Schweißes der andern, säuerlich und dumpf. Oft träum ich nachts noch davon, im Takt des Tamburins.

Es gibt Wörter, die gegenüber Erwachsnen zu äußern keiner wagt. Zu Schettlers Hermann sag ich, daß ich mich trotzdem trau, doch er glaubt's nicht. Drum verstecken wir uns hoch im Wald überm Galgengrund und warten auf die Wandrer – und schon biegt einer um die Kurve des Wegs: Knickerbocker, Hut vorn Bauch gehängt, dann seine Frau – beßre Leute, was für uns. *Los!* flüstert Hermann, und so ruf ich *Fotze!* Doch es klingt kläglich. Drum pufft er mich in die Seite und droht: *Lauter!* Ich versuch's noch ein paarmal, bis ich es laut herausschrei: *Fotze*, und *Fotze Fotze!* Der Mann und die Frau unten gehn weiter, als hätten sie nichts gehört; auch von den drei Mädchen, die hinter ihnen auftauchen, rosa und weiß, schaut keine auf – bis die größte doch plötzlich stehnbleibt. Sie guckt hoch, und ihre Augen suchen, wo die Schreie herkommen; dabei greift sie sich an den Mund, als dürfte keiner merken, daß sie lachen muß. Dann rennt sie den Eltern schnell hinterher.

Wir machen Atemübungen im Wald, meine Mutter und ich. Durch eine Sekte hat sie gelernt, wie man auf persische Weise Licht einatmet, um lange zu leben. Daher stellt sie sich auf dem Weg zur Rabensleite vor mich hin, streckt, tief einatmend, die Arme so hoch es geht – und läßt sie schnell ausatmend wieder falln: vorgebeugt, so daß sie pendeln. Ich mach's ihr nach, bis sie zufrieden ist. Am Waldrand pflückt die Großmutter derweil Preiselbeern. Einmal guckt sie kurz auf, schüttelt den Kopf, und während sie sich den winzigen Stauden wieder zuwendet, murmelt sie: *Als ob nichts zu tun wär!*

DER JUDE GROSS

Herr Brückner ist in der Firma Funke *der wichtigste Mann*, sagt meine Mutter. Er fährt wild Motorrad, so daß keiner nachkommt. Gestern haben sie ihn im Straßengraben gefunden, schwerverletzt. Meine Mutter geht ihn im Krankenhaus besuchen, mit mir. Flure endlos lang, Geruch nach Essen und sonstwas. Wir müssen vor der Tür lang warten. Als man sie aufmacht, seh ich ihn liegen: das Gesicht weiß – wie der Eisbeutel drüber. Meine Mutter versucht, mit ihm zu sprechen, doch er kann nur lallen; nichts zu verstehn. *Das hat er nun davon*, sagt meine Mutter, als wir draußen sind, *dabei will er ein neues Motorrad bestelln, das schnellste überhaupt.*

Beim Juden Groß kauft man immer gut, sagt die Großmutter, *man muß nur aufpassen*. Er macht tiefe Diener, wenn sie ihm erklärt, was sie haben will; das kommt ihr komisch vor. Drum befühlt sie seine Stoffe besonders lang – bis sie zufrieden nickt. *Das hat sie*, sagt meine Mutter, *nie bereut.*

Wieder in Wandersleben, Pflaumenzeit. Abends spielt Onkel Hermann was Schönes auf dem Klavier, und dazu singt er vom *grünen Wald im Mai*. Er wollte Künstler werden, doch mit der Oper hat's nicht geklappt. Drum mußte er arbeiten gehn. Dabei ist ihm die Axt einmal ausgerutscht, und der Fuß war futsch. Seitdem schnallt er morgens immer einen Holzfuß an. Vorm obern Ende des Hofs hat er seine Tischlerwerkstatt. Wenn ich drin herumgeh, und das mag er, betört mich der würzige Geruch des Holzes. Dort hält er sich meistens auf. *Er singt doch auch jetzt noch schön*, sagt Tante Paula, *ein Jammer, daß er's vor Leuten nicht mehr will.*

Seit Deckers Gerhard von seinem Garten nicht mehr leben kann, schnitzt er für die Firma Wieduwilt mit dem Hohleisen Zierleisten: Blätter und Blumen, Weintrauben und dicke Busen. Unter seiner Hand falln die süß duftenden Späne wie Locken zu Boden: blond und weich; zum drin Wühln.

An der Straßenecke sind die Fraun zusammengelaufen, reden aufgeregt miteinander; neugierig schleich ich mich an sie ran. Wie ich mitkrieg, hat der große Göbelsohn, der Maler, gestern nacht sich totschießen wolln. *In der Teichleite,* sagt die alte Grossern, *sind sie im Schnee dem Blut nachgegangen.* Die Lisbeth sagt: *Er ist schon mal vom Dach gesprungen.* Die Großmutter: *Alles aus Wollust.* Die andern schweigen. Dann die Lisbeth wieder, leise: *Oder Liebeskummer?*

Nur wenn keiner da ist, schneidet mir Herr Berger die Haare: Die Nachbarn dürfen nicht sehn, daß er noch als Barbier arbeitet – dabei macht er's für uns umsonst. Sein Gerät rupft aber schrecklich. Ich guck auf die Vögel am Ofen, rosa und weiß, Hälse gebogen: wie Fragezeichen. *Das sind Flamingos,* sagt er, um mich abzulenken, und ich frech: *Trotzdem tun Sie mir weh.* Frau Berger lacht: *Der Hans ist helle, aus dem wird noch was.* Er: *Dann geht er vornehm zum Frisör.*

Das Feuer knistert. Der Wassertopf im Ofen sirrt. Es riecht nach den Fichtenzapfen, die in der obern Röhre dörrn. Ich sitz mit meiner Mutter unter der Lampe, und der Großmutter. Vom Gasstrumpf im grünen Schirm fällt eine Lichtbahn auf den Tisch, in die wir unsre Hände halten, mit kleinen Scheren, um Kürbiskerne zu zerschneiden: flache Blättchen, eierschalenweiß, trocken, mit kleinen Wällen rum. Die schnipseln wir als erstes weg; dann spleißen wir mit den Fingernägeln beide Hüllen ab und lösen das Innre raus, graugrün, matter Glanz: wie Asbest. Ich soll die Kerne täglich knabbern, denn meine Würmer sind noch immer nicht weg.

Die sind nur neidisch

Der Herr Günther uns gegenüber, sagt die Großmutter, *hat Angst, daß er verdursten könnt; drum kommt er aus dem Gasthaus immer erst heim, wenn's schon hell wird.* Jetzt trägt er einen dicken Verband um den Kopf, denn *jemand hat ihm*, sagt die Lisbeth, *einen Stuhl so draufgehaun, daß er zerkracht ist.* Die Großmutter: *Überall muß er das große Wort führn.* Meine Mutter meint: *Vielleicht war's auch politisch.*

Die Waldweidenröschen blühn überall, wo Sonne hinkommt: hochauf hellrosa bis rot. Die Großmutter hat mich wieder in die Preiselbeern mitgenommen. Gluthitze. Drum verknotet sie mir das Taschentuch an den vier Enden und stülpt mir's übern Kopf. Mir wird immer heißer, und ich fall um. Sie zerrt mich an den schattigen Rand der Lichtung. Langsam komm ich wieder zu mir.

In der Schwüle fang ich zu dösen an, schweb hinaus über den Wald, über die Wälder, über das weite Land der blinkenden Dörfer.

Winter. Wenn ich was Warmes zum Anziehn brauch, strickt's die Großmutter selbst. Zum Rodeln fertig geworden sind: die Gamaschenhose, der Überziehpullover und die Zipfelmütze mit Bommel, alles blau-weiß und wollig und dick – ist aber nicht so zünftig wie aus dem Laden! Drum lachen die andern mich aus, sobald sie mich ankommen sehn. *Macht nichts*, sagt am Abend die Großmutter, *die sind nur neidisch.* Doch meine Mutter scheint besorgt.

Schneebälle, mit Wucht an die Wand geklitscht, sehn wie Busen aus, weiß und spitz. Doch den meisten Spaß macht's, sie nachts durch offne Fenster zu werfen: wie heut abend Schettlers Hermann und ich. Diesmal aber schrein die Leute drinnen wild auf, so daß wir wegrennen – geschnappt von einer Nachbarin werd nur ich. Sie will wissen, wie ich heiße, wo ich wohn. Dann packt sie mich am Schlafittchen und liefert mich zu Hause ab. *Wenn das der Großvater erfährt!*

sagt meine Mutter. Die Großmutter sagt nichts. Sie strickt nur doppelt schnell vor sich hin und schüttelt den Kopf; dann fährt sie sich mit der langen Nadel im Haar rum. Ich bin Luft für sie.

Die Bahnschranke ragt rot-weiß-rot ins Schwarz der Erlen und Kiefern, zum Schalweg hinter. Wie ich näher komm, geht sie langsam nieder, so daß ich warten muß. Sogar die Luft steht, es rührt sich kein Blatt. Nirgends ein Mensch. Wenn der Zug doch endlich käm! Doch er kommt und kommt nicht. Langsam geht die Schranke wieder hoch ins Schwarz der Erlen, der Kiefern.

Die Großmutter schlägt mich nie. Hab ich was ausgefressen, druckst sie am Abend vorm Großvater rum, ehe sie's ihm sagt; dann schlägt er mich – und seine Hand ist hart.

Der Maler Wollburg hat zwei Töchter; die größre lieb ich. Sie ist schon in der letzten Klasse. Oft hol ich sie mittags vor der Schule ab und begleit sie bis zur Wohnungstür. Davor wart ich, bis sie gegessen hat und wieder rauskommt. Sie setzt sich auf eine Treppenstufe und macht ihre Schularbeit. Ich setz mich eine Stufe drüber und guck zu, vor allem, wenn sie zeichnet. Dann folg ich ihren Händen, die sich so flink bewegen, daß in der Bluse ihre Brüste auf- und niederwippen. Ich kann mich nicht satt sehn.

Die vom Kränzchen gehn sonntags manchmal an die Weida wandern. Heut biegen sie ins kleine Teichtal ab. Die Sonne scheint, und zwischen dottergelben Blumen gurgelt der Bach. Ich will, daß der Großvater mir ein Wassermühlrad macht, und gutgelaunt geht er drauf ein. Erst schnitzt er einen kleinen Ast als Stange zurecht, dann schneidet er ins noch grüne Holz Schlitze, durch die er zwei flache Späne zieht; das sind die Schaufeln. Dann steckt er Astgabeln in den Uferschlamm, eine links, eine rechts, und legt die Stange drauf, so daß die Schaufeln ins Wasser tauchen – und schon beginnt sich das Rad zu drehn, schnell und schneller. Werden die Wellen flach, ruckt es und bleibt stehn, nur um beim nächsten Schub noch geschwinder wieder loszulegen. Und es tanzt und tanzt. Und wir lachen und lachen, der Großvater und ich.

Ich sag Distelmeiers Alfons immer, worauf's an-
kommt. Seine Eltern sind die Kommunisten uns
gegenüber, in der Mansarde; die gehn nur arbeiten und demonstrieren – da haben sie keine Zeit
für die Natur. Wenn ich Hasenohrn sammle,
nehm ich ihn manchmal mit. Aus dem Wildspi-
nat kocht die Großmutter ein Mittagessen, drum
darf man beim Pflücken die Blätter nicht ver-
wechseln: Die echten sind oben graugrün, mit einem Filz aus Glitzerhärchen, drunter rosa bis vio-
lett, und geädert. *Du mußt genau hingucken,* sag
ich dem Alfons, *und drauf achten, ob Milch raus-
quillt.* Ich hab im Sammelsack immer mehr als
er; doch er wird's schon noch lernen.

In die Binsen gegangen

Ich leg mich bei Deckers Gerhard bäuchlings auf den Kiesweg und versinke ins Geschau der bunten Stiefmütterchen ringsum so tief, daß ich hernach taumle.

Wenn Oberlehrer Wächter meine Mutter abends in die Weinstube *Schwarze Katz* einlädt, kommt sie immer erst spät heim, und das mag ich nicht. Daher beginn ich in der Bodenkammer zu schrein: erst kurz, um zu lauschen, ob's jemand hört, dann immer länger, bis alle Nachbarn aufwachen und schimpfen – über mich erst, dann über meine Mutter. Hoffentlich beschwern sie sich morgen bei ihr.

Mein Freund Schreiber hat einen Vater, der tischlert, und da wir dauernd betteln, macht er uns einen Dampfer; jeden Feierabend arbeitet er dran, und wir gucken zu. In die Aufbauten malt er kleine Fenster. Für die Reling schlägt er winzige Nägel ins glattgehobelte Deck, das sind die Pfosten; und die verknüpft er mit Zwirnsfaden – das sind die Seile. Als er fertig ist, packen wir den Dampfer und rennen an den obern Karpfenteich; dort setzen wir ihn ins Wasser, Der Wind treibt ihn schaukelnd hin und her, umplätschert ihn. Plötzlich verdüstern sich Himmel und Wasser, und *hui!* wird er in die Binsen getrieben, ins dichte Schilf. Das hält ihn fest. Wir hoffen bis zur Dämmrung, daß der Wind sich dreht – vergeblich. So kehrn wir ohne Dampfer heim.

Wieder gehen Jahre ins Land, und sie gehn hinaus. Inzwischen bin ich in die Schule gekommen, und was wir da lernen, macht mir Spaß. Das Schreiben auf der Schiefertafel ist mir zwar zu kratzig, doch jetzt haben wir Hefte. Wenn ich bei den Hausaufgaben nicht weiter weiß, hilft mir die Großmutter, so gut sie kann. Heut schlägt sie mir, lang überlegend, die Schreibweise *Apfelsiene* vor. Dafür werd ich von Lehrer Opitz gerügt, und als ich ihr's sage, blickt sie vom Strickstrumpf nicht mehr auf.

Bei Lehrer Krebs lernen wir rechnen; dabei dürfen wir das Plus rot malen, und das Minus grün. Daheim mach ich im Heft auch die Zahlen bunt, alle Stifte probier ich durch. Als ich Herrn Krebs mein Werk zeige, schwillt ihm der Kopf. Ich muß mich bücken, und dreimal sirrt sein Rohrstock auf mich nieder.

Da ich nun lesen und schreiben kann, sammel ich nicht nur Zigarettenbilder, sondern auch Autonummern. Meinen Posten bezieh ich am Ortsrand: an der langen Straße, die aus der Kreisstadt kommt. Nähert sich ein Wagen, starr ich aufs vordere Nummernschild, um mir die Buchstaben und Zahlen zu merken, zur Kontrolle dann aufs hintre, bis die Augen wässern. Dann kritzel ich alles ins Notizbuch – so hab ich's schwarz auf weiß.

Meine Mutter meint, Fremdsprachen sollte man *je eher, desto besser* lernen. Der Lumpensammler in der Bendenreihe ist ein Russe, *vor den Bolschewisten geflohn*. Sie bittet ihn, mir Unterricht zu geben, pro Stunde 'ne Mark. Er riecht nach Stonsdorfer, nach Knoblauch und auch sonst.

Mit schwarzen Nägeln setzt er komische Buchstaben aufs Papier. Wenn er sie ausspricht, knarrt
seine Stimme derart, daß ich nichts versteh. Rat-
los guckt er mich an. *Es hat keinen Zweck,* sagt
meine Mutter traurig; die letzte Stunde bezahlt
sie ihm doppelt.

Wir haben in der Klasse einen Neuen, der
kommt aus Bayern. Er spielt, sagt er, am liebsten
auf dem *Fotzhobel,* oft stundenlang. Das muß der
Schwanz sein.

EINE MASSLOSE BURG

Nicht nur Zigarettenbilder und Autonummern sammel ich, sondern auch Gemälde; meistens eigne. Bei denen schreib ich als erstes meinen Namen drauf, damit man sie nicht verwechselt. Heut mal ich eine Burg, hell- und dunkelbraun, und rot; die Zinnen wie breite Zähne. Sie soll groß werden, drum bin ich bald am Rand des Blatts. Was tun? Ein zweites drankleben! Nun kann's weitergehn: Endlich hab ich jetzt Platz für den Turm, dem ich gleich ein paar Türmchen anfüg – und bin schon wieder am Rand. Also noch ein Blatt, und noch eins. Wuchtig wachsen so die Mauern ins Breite, bis übern Tisch. Da laß ich die Burg einfach abstürzen.

Der Pfarrer sagt meiner Mutter, daß ich in die Christliche Jungschar soll; drum meldet sie mich an. An den Heimabenden tragen wir grüne Hemden, beim Wandern auch den Fahrtenhut. Wenn uns Onkel Horch besucht, der alles leitet, ist's immer lustig. Jeder, der was Richtiges sagt, bekommt ein Bonbon oder eine Ansteckanadel, oder ein Bild, oder ein Buch, oder sogar ein Messer. Heut macht er mit uns Bibelraten. *»Mir nach …«* ruft er laut und schiebt die rechte Ohrmuschel vor, um zu hören, ob's einer weiterweiß. Jochen Groß ruft schnell: »*… spricht Christus, unser Held, mir nach, ihr Christen alle!* So ein Streber! Damit schnappt er mir den Hauptpreis weg.

Als ich am Ortsrand wieder auf Autos zum Aufschreiben warte, flitzt ein fremdes so schnell vorbei, daß ich die Nummern nicht erkenn. Mit Karacho renn ich ihm hinterher: Vielleicht muß es tanken, oder ein Reifen platzt? Um den Marktplatz kurvt es Gott sei Dank ein paarmal rum, so daß ich es einhol. Doch schon fährt's weiter zum Gottesacker nauf, und plötzlich Halt. Zwei Männer steigen aus: Die Leute laufen neugierig herbei – von denen wolln sie was wissen. Das dauert. Drum wag ich, mich vors hintere Nummernschild zu knien, voll bunter Wappen. Die zeichne ich ab und schreib die Farben hinzu, für daheim. Die Männer entdecken mich, jagen mich weg. Hinter Büschen versteckt seh ich, wie sie aufgeregt um ihr Luxusauto rumgehn und die Schilder abtasten, ob noch alles drauf ist. Abends leuchten mir im Notizbuch die Wappen wieder entgegen – ausgemalt schöner als zuvor.

Wenn meine Mutter mich morgens weckt und merkt, daß ich aus den Träumen nicht rausfitz, sagt sie leise, fast erschrocken: *Dussel noch bißl!* Und dann muß ich doch raus.

Das ganze Jahr über sammelt die Großmutter Leseholz, manches Mal auch, wenn's schneit. Ich geh immer gern mit. Für die Fichtenzapfen liegen fransige Jutesäcke im Handwagen, drunter versteckt ein Beil. Damit hackt sie, wenn keiner da ist, dürre Stämme um und zerteilt sie, auf Wagenlänge. Inzwischen sammle ich so viel Zapfen, wie ich kriegen kann. Auf dem feucht-schwarzen Nadelteppich glitzern mir die prallen schon entgegen; die dünnren sind meist glanzlos und krumm, wie Kralln. Wenn wir die Säcke füllen, stacheln die Zapfenspitzen rundum raus. Die Großmutter stemmt einen Sack über den andern und zurrt sie mit einem Strick fest. Dann packt sie die Deichsel und zerrt die hohe Ladung langsam über den Waldboden, der bald holprig ist und hart, bald schlammig weich. Immer wieder macht sie ein paar Schritte rückwärts, um am Schwanken des Sackturms zu sehn, ob das Tempo stimmt: In knappen Rucken der Deichsel richtet sie die Lenkung danach aus. Hinten, Kopf fast am Boden, schieb ich, so feste ich kann. Der Heimweg ist lang, und den Berg nach Eulenrod nauf müssen wir oft halten, um Luft zu holn. Keuchend sehen wir uns an, doch glücklich: die Großmutter und ich.

Herbst wieder. Büsche und Laubwald erblühen im Vergehn. Wenn ich die schönsten Blätter fürs Herbarium pflück, sind oft Flecken drauf: wie breit verlaufende Kleckse, tuschschwarz.

Im Schatten der Kastanien sitz ich auf der Bank im Dreieck vor Römplers, an der Litfaßsäule. Ein paar Männer kommen angefahrn, in den Anhängern ihrer Räder stehn Kästen mit Kleister, und große Bürsten. Damit kleben sie ein Riesenplakat an die Säule: Hindenburg, die Weltkugel in der Hand; klein daneben Hitler, der den Mund so aufreißt, daß die Worte *Ich bin viel grö-ßer!* rausquelln. Als die Männer fertig sind, tauchen plötzlich Braunhemden auf, und es gibt eine Mordsschlägerei.

Das Flageolett

Seit der Großvater auf der politischen Versammlung war, ist er sehr krank. Wegen seiner Blase ging die Großmutter mit. *Er wollte den Bierwärmer nicht nehmen*, schimpft sie tagelang vor sich hin – und dann: *Vielleicht war auch der Stuhl zu kalt.* Meine Mutter sagt: *Bestimmt haben ihn die Reden aufgeregt.* Die Großmutter: *Ab jetzt kriegt er immer ein Sitzkissen mit, und wenn er sich noch so wehrt.*

Herr Müller in der Scheunengasse ist Musiker; er kann aber nicht mehr spieln, denn ihn traf der Schlag. Daher will er sein Flageolett verkaufen, *ganz billig*, sagt er zu meiner Mutter, *für Ihren Hans, denn was ein Häkchen werden will, krümmt sich beizeiten.* So hat er sie überredet. Den Preis muß sie über zwei Jahre abzahln. Daheim bewundern wir das Instrument, fahrn mit den Fingern immer wieder über das glatte, glänzend schwarze Holz. Die kleinen Löcher sind von zierlichen Silberklappen bedeckt. *Das ist was ganz Besondres*, sagt meine Mutter, *das hat sonst niemand*. Doch sie findet keinen, der drauf spielen kann. Daher hab ich's nie gelernt.

Der Großvater muß immer öfter zu Hause bleiben, er geht kaum noch zur Arbeit. Der Arzt verschreibt ihm Pillen, aber die ändern nichts. Die Großmutter und meine Mutter hörn bei den Leuten rum, ob einer einen kennt, der ihm helfen kann. Die Lisbeth meint, vielleicht der Gesundbeter in der Kreisstadt. Daher schreibt meine Mutter ihm einen Brief, und zwei Tage später ist er da. Er lächelt. Zum Gruß hält er sich die rechte Hand vorn Bauch und streckt sie uns nur leicht entgegen, damit jeder selbst hinlangt. Lächelnd geht er in die Kammer zum Großvater nein, aber verbietet uns, mitzugehn. Er bleibt lange drin. *Es ist falsch, an die Krankheit zu glauben*, sagt an der Tür meine Mutter, und die Großmutter: *Ich kann's nicht mehr hörn!* Der Gesundbeter kommt lächelnd wieder raus. *Es ist zwecklos*, sagt er, *denn er sperrt sich*, und meine

Mutter drückt ihm Geld in die Hand, die er lächelnd ihr entgegenstreckt.

Der Winter ist so kalt, daß in der Bodenkammer die Waschschüssel einfriert. Die Flackerkerze in der Hand, wank ich früh die knarrenden Holzstufen zur Wohnstube nunter. Die Großmutter hockt schon vorm Ofen und schimpft, weil er qualmt. Um so kräftiger bläst sie in die Holzspanstapel, die sie auf den Rost geschichtet hat. Plötzlich ein Flämmchenblitz, und das Feuer beginnt zu züngeln. Aus der Röhre holt sie mir den Einbrock: Semmelreste und saure Graubrotkanten – auch Kuchenbrösel, eingeweicht in Milchkaffee aus Zichorie, Zucker drauf. *Die paar harten Knuste drin*, sagte sie, *sind gut fürs Kauen.*

Meine Mutter hat für den Großvater beim Korbmacher einen Lehnsessel bestellt, extra hoch. Der steht hinten in der linken Stubenecke, am Fenster, damit der Großvater zur Straße nuntergucken kann. In die Armlehnen sind schmale Streifen eingeflochten: schwarz-rot-gold. Der Großvater freut sich drüber, doch er darf das Bett nicht mehr verlassen. So steht der Sessel leer.

Den Birnbaum im Hinterhof hat man gefällt. Meine Mutter war immer selig, wenn *ihre* Amsel zurückkam und auf seiner Spitze das Frühjahr herbeizuflöten begann! Sie stellte dann das Dachfenster aufs dritte Loch im Blechgriff und lauschte, abendelang. Vorbei.

EIN RIESENSCHLUCK LUFT

Die Großmutter ist heut morgen zum Arzt gerannt, denn dem Großvater ging's schlecht. Sie kommt mit Doktor Thilo zurück, der sich Großvaters Bauch anschaut und sagt: *Die Blase ist kürbisgroß – ab ins Krankenhaus!* Auf einer Trage wird der Großvater in den Rotkreuzwagen geschoben. Die Großmutter darf mit, und weil ich so bettel, ich auch. Durch die Scheiben kann keiner hinaussehn: alles grau – innen aber alles grell weiß, so daß ich frier. Der Wagen holpert, und wir werden hin und her geschüttelt. Der Großvater stöhnt. Auf einmal bückt sich die Großmutter zu ihm nunter, gibt ihm einen langen Kuß. Ich hab Angst.

Im Korridor des Krankenhauses öffnet sich endlich eine Tür, die letzte: Ein Krankenwärter hält uns eine große Glasflasche hin: *Pisse*, sagt er lachend, *war alles in der Blase drin!* Eine Schwester taucht hinter ihm auf. *Jetzt wird erst mal gefuttert,* sagt sie, *es gibt Blumenkohl.* Wir dürfen ins Zimmer und zuschaun, wie der dem Großvater schmeckt.

Sie haben den Großvater operiert, sagt meine Mutter, *und dabei was falsch gemacht. So hat er den Brand gekriegt und muß aus dem Krankenhaus raus.* Drum liegt er wieder in der Kammer daheim und schaut nirgendwohin. Die Großmutter sagt: *Er braucht jetzt Ruhe, Besucher regen ihn nur auf.* Am Fenster seh ich, wie Herr Lockl die Straße runterkommt. Ich lauf vor die Haustür, um ihn aufzuhalten: *Der Großvater braucht jetzt Ruhe!* Doch er schiebt mich zur Seite und geht die Treppe nauf.

Und immer mehr Besucher kommen, denn alle wolln zugucken, wie der Großvater stirbt. Aus der Wohnstube wird der Tisch weggeräumt, dafür das Bett hingestellt. Der Großvater ist unterm Berg des Federbetts kaum zu sehen. Dicht drängen sich um ihn die Nachbarn, die Freunde, das Kränzchen. Hinten sitzt im Dunkeln meine Mutter und weint. Die alte Grossern von nebenan kommt und geht wieder, kommt und geht, und jedesmal sagt sie, wie weit er ist. Seit einer Stunde bleibt sie. *Er erkennt keinen mehr*, flüstert sie. Die Großmutter sitzt reglos neben ihm. Auf einmal nimmt der Großvater einen Riesenschluck Luft: als schmeckte sie ihm so, daß er nicht mehr aufhörn könnt. Dann ist er tot.

Er hat bestimmt, daß er kein kirchliches Begräbnis will, weil ihm die *Paster* nur schwadroniern. Drum findet die Feier im Krematorium statt. Vorher können ihn alle noch mal sehn: wie er in der kahlen Zelle liegt, mit gelben Flecken am Bart. *Was haben sie bloß mit ihm gemacht*, fragt meine Mutter verstört, und Herr Berger sagt: *Das kommt vom Desinfiziern*. Dann gehn wir in die große Halle nauf und setzen uns. Vorn steht ein Pult, mit Grünzeug rum. Dahinter fängt einer zu reden an. Er ist kein *Paster*, spricht aber auch von Gott. Ich guck zu Lottchen nüber, immer wieder, doch die merkt's nicht. Hernach schlendern alle in die Wirtschaft nüber, und die Gesichter taun im Plaudern auf. Das meiner Mutter friert zu.

Ich schleich hinaus, ins Freie. Die Kastanienbäume sind kahl, unter den Schuhn knirscht der Kies. Der Wind bläst in Schüben, von bleichen Wolken gepeitscht.

Streik

Ich habe keinen Vater, und der Großvater ist tot. Meine Mutter hat die Urne aufs Vertiko gestellt, einen Heidestrauß davor. *So darf er noch ein bißl bei uns bleiben,* sagt sie. Wenn wer sehn will, was von ihm übrig ist, macht sie den Deckel auf, glatt und blank – man blickt nur auf rieselnde Asche. Wühlt man aber drin, heften sich winzige Knochenreste an die Hand. *Ist doch schöner, als daß einen die Würmer fressen,* sagt meine Mutter zur Großmutter – doch die schweigt.

Von der alten Windmühle über Stöhrs Teichen steht nur noch der Stumpf. Wenn ich mich, wie so oft, in seinen Schatten setz, wachsen meinen Träumen Flügel.

Streik. In die Straße vor Nellenschultes Fabrik sind die Menschen so neingestopft, daß sie in die

Seitengassen überquelln. Es dämmert schon. Ich steh mittendrin, dabei sollt ich längst daheim sein. Angestrengt versuch ich, mich zwischen Hosenbeinen durchzuquetschen – da kommen die *Grünen* angerannt:

Polizisten von woanders her. Sie knüppeln auf alle ein, Johln und Geschrei vor ihnen, und sind sie vorbei, dahinter. Viele fliehn in die Tore, Hinterhöfe, Gärten. Der größte Haufen rennt aber eine Nebenstraße hoch und kommt von oben wieder runter. Plötzlich schiebt sich ein Laster grell hupend durch die Menge. Auf der Ladefläche stehn die Streikbrecher, von allen bespuckt. Selbst die Scheiben am Fahrersitz sind voller Rotz. Sie lächeln blöd, halten sich die Arme vors Gesicht und ziehn den Kopf ein. Ein Polizeiauto setzt sich davor und fährt in die Menschen nein – alles spritzt auseinander. *Schlagt sie tot!* schreit einer neben mir, lange Latte. Der Fabrikant Nellenschulte tritt vors Haupttor, seine dicke Frau am Arm; verkrampft lächelnd geht er mit ihr auf und ab. *Der will uns verarschen*, schrein die Arbeiter, doch ein Mann mit Schiebermütze neben mir ruft: *Wehe, ihr tut ihnen was, dann sind wir alle dran!* Bald ist der Laster zurück und fährt eine neue Fuhre Streikbrecher in die Dörfer heim. Die *Grünen* knüppeln ihm Bahn, Steinwürfe, Scheiben zersplittern, und Nellenschultes hasten in ihre Villa zurück. *Was will der Kleine denn hier?* fragt die lange Latte plötzlich und zeigt auf mich. Er guckt herum, ob da keiner ist, dem ich gehör – da fällt mir Fräulein Täubler ein: *Weiter oben,* sag ich zitternd, *Hinterhaus.* Er gibt mich bei ihr ab. Ich hör, wie die Polizeistiefel weiter aufs Pflaster prasseln, und ich hör weiter die Schreie. Und aus dem Dröhnen der Menge hör ich heisre *Heil Hitler!*-Rufe aufsteigen, und in Sprechchörn immer schriller: *Rot Front!*

Wie ich weiter heranwuchs, türmten sich die Widerfahrnisse – und in ihrem Schatten die Fragen nach des Lebens Warum. Unbesiegt blieb letztlich die Freude an seinem Daß. Doch es hilft alles nichts: Der Abschied naht.

Die Erde selber wird gewesen sein. Woraus folgt, daß sie, da gewesen, sein wird: ein Stern, der an fernen Himmeln leuchtet. Und fremde Wesen werden rufen: *Schaut, die Erde! Wunderbar!* Und ein Astronom, wie noch keiner ihn je sah, wird von anderswoher ihr Licht zerlegen, immer weiter, weiter, bis er plötzlich ausruft: *Da ist's, da ist es!* Er hat fürwahr Eulenrod entdeckt – im grünen Dunkel der Wälder ein heller Fleck, mit Straßen, mit Häusern, mit Stuben und mit Bodenkammern, und in einer träumend ich.

GESTALTEN UND SZENEN

DER AUTOR

Hans Stilett, geboren 1922, war von 1953 bis 1983 als leitender Redakteur im Bundespresseamt in Bonn tätig. Nach seiner Pensionierung begann er ein Studium der Komparatistik, Germanistik und Philosophie an der Universität Bonn, das er 1989 mit der Promotion abschloss. Bekannt wurde er durch seine 1998 erschienene komplette Neuübersetzung von Montaignes Essais. Hans Stilett lebt in Bonn.

© Verlag Antje Kunstmann GmbH, München 2013
Umschlaggestaltung: Michel Keller
Satz: Schuster & Junge, München
Druck und Bindung: Kösel, Krugzell
ISBN 978-3-88897-862-3